En coulisse

Des mêmes auteurs

Valérie Bochenek

Le Mime Marcel Marceau. Entretiens et regards, Somogy, 1997

Ces femmes qui ont réveillé la France (avec Jean-Louis Debré), Fayard, 2012

Le Temps des huîtres (avec Jean-Louis Debré), Albin Michel, 2019

Jean Louis-Debré

Essais historiques

La Justice au XIX*e siècle : les Magistrats*, Perrin, 1980

La Justice au XIX*e siècle : les Républiques des avocats*, Perrin, 1984

Les Oubliés de la République, Fayard, 2008 (prix Agrippa-d'Aubigné 2008)

Les Dynasties républicaines, Fayard, 2009

En tête-à-tête avec Charles de Gaulle (illustrations Philippe Lorin), Gründ, 2010

En tête-à-tête avec les présidents de la République (illustrations Philippe Lorin), Gründ, 2012

Ces femmes qui ont réveillé la France (avec Valérie Bochenek), Fayard, 2012

Dictionnaire amoureux de la République, Plon, 2017

Trois Minutes pour comprendre les fondements et l'histoire de la République française (avec Laurent Kupferman), Le Courrier du Livre, 2017

Nos illustres inconnus, Albin Michel, 2018

Une histoire de famille, Robert Laffont, 2019

(suite en fin d'ouvrage)

Jean-Louis Debré
Valérie Bochenek

En coulisse

Côté politique, côté théâtre

PLON
www.plon.fr

92, avenue de France
75013 Paris
Tél. : 01 44 16 09 00
www.plon.fr
www.lisez.com

Dépôt légal : septembre 2024
ISBN : 978-2-259-31992-8
Mise en pages : Nord Compo

1

« Bonjour, monsieur le comédien »

JLD – Quand, ce 16 mars 2022, rue de Rennes, non loin de la gare Montparnasse, un SDF m'interpelle ainsi, je me dis : « Enfin la gloire, une vraie reconnaissance publique ! »

Il a dû remarquer, sur les colonnes Morris, de grandes affiches annonçant la pièce de théâtre dans laquelle Valérie et moi jouons.

Certes, ce n'est pas la première fois que je vois ma tête placardée sur un mur ou un support publicitaire. Compte tenu du nombre de campagnes électorales auxquelles j'ai participé, j'en ai une certaine habitude. Mais cette fois, il ne s'agit plus de politique, de gagner une élection, de conquérir une mairie ou de solliciter un mandat de député – et pour cela d'affirmer être « le meilleur, le seul à pouvoir efficacement représenter et défendre les intérêts de ses concitoyens et concitoyennes ».

Pas de promesses, de slogans imaginés par des publicitaires inspirés, pas besoin non plus de dénigrer un adversaire, mais simplement d'annoncer un spectacle avec l'espoir de toucher un public nombreux.

Après le Conseil constitutionnel, n'étant plus astreint à aucun devoir de réserve, je participe à plusieurs émissions de télévision, où je confie parfois mon envie d'une rencontre avec un producteur qui m'offrirait la chance de débuter sur une scène de théâtre ou au cinéma.

J'ai envie d'apprendre un métier différent de ceux que j'ai exercés, de découvrir de nouvelles personnalités, d'approcher un monde inconnu. Rien ne m'exaspère tant que celles et ceux qui me souhaitent « une bonne retraite » en ajoutant parfois : « Vous l'avez bien méritée ! » Je multiplie ainsi les opportunités de trouver une autre orientation professionnelle pour m'y investir avec passion.

« Bonjour, monsieur le comédien »

Un jour, un réalisateur me contacte après m'avoir entendu à la radio et me propose de le rencontrer : il travaille justement à un film dans lequel il pourrait me confier un rôle. Nous convenons d'un rendez-vous dans un café près de l'École militaire, à Paris.

Afin de préparer au mieux cette entrevue, Valérie, toujours prudente, consulte Internet pour en savoir plus sur ce réalisateur et sa filmographie. Nous découvrons qu'il a surtout réalisé des films classés X qui, d'ailleurs, ont été tournés en Normandie, pas très loin de l'Eure dont je fus l'élu.

À la lumière de ces éléments, je ne peux accepter sa proposition et l'en informe. Il tente de me rassurer, me précise que « c'est le passé », sur lequel il a tiré un trait, que son prochain long-métrage sera d'un tout autre genre. Je persiste dans mon refus et décommande notre entrevue. Il n'apprécie pas mon attitude et raccroche, furieux. Je n'ai pas l'intention de permettre à ce personnage, en m'utilisant, de se refaire une virginité... cinématographique.

Si j'avais accepté, connaissant les journalistes, certains d'entre eux auraient été trop heureux de claironner que je participais au film d'un réalisateur porno. Et rapidement l'information, transformée sur les réseaux sociaux, serait devenue : « Debré embauché par le roi du porno » ou : « L'ancien ministre de l'Intérieur, président de l'Assemblée nationale et du Conseil constitutionnel reconverti dans le porno », « De la politique au porno »...

Un dimanche après-midi, nous nous promenons et croisons un individu qui me regarde avec insistance et finit par m'interpeller : « Je vous ai vu à la télé, vous êtes connu ! »

Valérie lui répond du tac au tac : « C'est un acteur de films porno. »

Il ne s'attendait pas à une telle réponse qui, visiblement, le surprend et le déstabilise. J'en profite pour ajouter : « Vous en regardez bien de temps en temps, des pornos. Reconnaissez-le !

— Parfois », avoua-t-il en baissant le regard avant de s'éloigner.

*

Après avoir vu le documentaire diffusé par la chaîne parlementaire de l'Assemblée nationale *Mon Chirac* que j'ai écrit et dans lequel j'apparais, le producteur artistique Olivier Kaefer me contacte. Il est convaincu qu'il doit me faire monter sur les planches et que cela marchera !

Renseignements pris, j'apprends qu'il a relancé avec succès les stars oubliées de la chanson des années 80. Un film avec Richard Anconina et Patrick Timsit retrace même cette aventure.

Il me propose d'en parler autour d'un déjeuner, j'accepte volontiers.

Cette rencontre a failli ne jamais avoir lieu. Lors de ce repas, il me présente un texto signé « Jean-Louis Debré » où j'annule un précédent rendez-vous. Je suis très surpris. Je n'ai jamais envoyé ce message, le numéro utilisé n'est pas le mien. Tout est faux. Olivier Kaefer a été victime d'un escroc. Fort heureusement, malgré cette déconvenue, il a persévéré dans son projet de me contacter et a trouvé un ami qui nous a mis en relation.

Je lui précise que je souhaite reprendre la conférence musicale que nous avions créée avec Valérie pour la journée de la Femme à Puteaux, à partir de notre livre : *Ces femmes qui ont réveillé la France.*

Leur combat pour la liberté et l'égalité demeure souvent méconnu. Évoquer au théâtre le parcours et l'engagement de celles qui osèrent affronter le pouvoir des hommes pour se voir reconnaître les mêmes droits civils et civiques nous apparaît d'une parfaite actualité.

L'histoire, souvent écrite par des hommes, a tendance à minimiser le rôle des femmes dans l'évolution de notre société. Rendre hommage à ces pionnières, mais aussi à ces grandes voix qui ont osé ouvrir le chemin de l'égalité, nous semble particulièrement nécessaire aujourd'hui.

Il accepte avec enthousiasme ce projet et nous prenons date pour le lui présenter dès la rentrée de septembre.

Examen de passage

JLD — Nous voilà sur la scène du théâtre de l'Archipel, boulevard de Strasbourg, à Paris. C'était à l'origine un café-concert où le jeune Maurice Chevalier s'est produit. Il se situe non loin de l'école où Valérie a suivi l'enseignement du mime Marcel Marceau.

Pendant une heure dix, nous présentons notre conférence musicale autour de « Ces femmes qui ont réveillé la France » aux producteurs Olivier Kaefer et Didier Vanhecke ainsi qu'à quelques invités.

À la fin, Olivier Macé, que nous rencontrons pour la première fois, nous rejoint sur le plateau. Il estime que certains de nos portraits sont trop longs, d'autres trop courts. Il aimerait plus de dialogues entre nous et moins de monologues. Les morceaux au piano qui accompagnent l'histoire lui ont beaucoup plu. Valérie lui suggère que la pièce soit rythmée par la projection des portraits de ces femmes en noir et blanc.

Avant de quitter la scène, il nous dit croire au potentiel du spectacle et nous réitère la confiance qu'il a dans notre duo. Il ne nous cache pas cependant la nécessité de retravailler le texte pour le théâtraliser. Nous comprenons alors qu'il sera notre metteur en scène si les producteurs acceptent de poursuivre la route avec nous.

Sont présents également un avocat, maître Jean-Philippe Touati – si la décision finale est positive, il sera chargé de régler les questions juridiques et de rédiger nos contrats ; François Troller, notre probable attaché de presse ; et Hervé Vilard, venu en ami de la production. Tous semblent satisfaits de notre prestation.

Valérie découvre que Didier Vanhecke, passionné par les arts forains et le cirque, est le mystérieux personnage qui a acquis le costume de Bip lors de la vente aux enchères à Drouot des biens du mime Marcel Marceau. Valérie avait créé l'association « Un musée pour Bip » pour éviter la dispersion de la collection de ce dernier. Soutenue par les anciens élèves de l'école, par des personnalités et des admirateurs du mime, l'association avait pu acquérir de nombreux lots, mais pas le costume ni le chapeau de Bip, trop onéreux.

Elle évoque avec Didier la possibilité d'une exposition avec son association qui s'appelle désormais « Un musée pour le mime ».

La rencontre se poursuit au restaurant du théâtre de la Scala. L'ambiance est détendue, mais nous attendons avec une impatience non dissimulée la décision des producteurs. C'est seulement avant de nous quitter qu'Olivier Kaefer nous confirme leur souhait de nous produire sur scène.

Une étape essentielle est franchie. Notre aventure théâtrale commence.

Première lecture

VB — Plus de trente-cinq ans plus tard, je pousse l'imposante porte cochère du quai d'Anjou, Jean-Louis à mes côtés. Que de souvenirs : la cour pavée, le bureau du secrétariat au rez-de-chaussée qui n'existe plus, l'escalier vers les salles de cours. Et en haut, devant la porte d'entrée, je pense à « La bohème », de

Charles Aznavour. « En haut d'un escalier je cherche l'atelier dont plus rien ne subsiste. »

J'ai dix-sept ans et demi et je prends mes premiers cours de théâtre au quai d'Anjou, l'adresse historique des cours Florent où Francis Huster et Isabelle Nanty enseignaient en « classe libre ». J'ai comme professeure Michèle Harfaut, dont tous les garçons sont amoureux.

Je revois les bateaux-mouches qui passaient le long de la Seine, éclairant par intermittence nos répétitions sur les quais.

Je me souviens de mon adaptation de *La Princesse de Clèves*, de madame de La Fayette. Et de cette pièce de Tennessee Williams, *La Ménagerie de verre*, où je jouais Laura, cette jeune fille qui ne connaît pas l'amour et qui voudrait qu'un garçon l'embrasse, personnage dont j'éprouvais pleinement la solitude, seule dans cette capitale démesurée, dans ce monde de Parisiens qui restaient entre eux. Je donnais alors une image très sage, provinciale ; les différences physiques et vestimentaires étaient bien plus marquées qu'aujourd'hui.

Dans une scène du *Cercle de craie caucasien* de Bertolt Brecht, j'avais réussi à émouvoir mes camarades, un public pourtant féroce et exigeant. Je hurlais au héros revenu de la guerre, Simon, de ne pas s'inquiéter, que cette petite chose-là dans l'herbe, cet enfant qu'il voyait à mes côtés, n'était pas de moi. Je le suppliais tandis qu'il s'éloignait. Des cris insoupçonnés étaient sortis de ma bouche, déchirant la nuit. Un long silence avait précédé les applaudissements et les félicitations de ma professeure. Je n'oublierai jamais son compliment : « Tu sais, Valérie, tu n'as pas encore la technique, mais un jour, tu pourras faire pleurer une salle quand tu le voudras. »

Et puis il y eut la reprise d'une scène de *La Dérobade* de Daniel Duval, où j'interprétais la prostituée incarnée par Miou-Miou dans le film. Perchée sur les quelques marches du promontoire qui nous servait de plateau, affublée d'une minijupe et de talons aiguilles, je tenais tête à mon mac, interprété par un Antillais très attaché à sa plastique. J'étais devenue le personnage, me déplaçant avec aisance et naturel, comme si j'avais toujours porté des talons hauts et fréquenté ce milieu. Personne ne pouvait imaginer que j'avais arpenté pendant des heures les couloirs du Foyer des lycéennes, rue du Docteur-Blanche, où j'habitais, pour m'habituer à marcher avec de telles chaussures.

Aujourd'hui, Olivier Macé nous accueille en compagnie de Laurence Guillet, son assistante à la mise en scène, dans un loft impressionnant et vide qui a remplacé l'ancien cours Florent. La répétition commence, texte en main.

Étrange sensation de me retrouver là où tout a débuté pour moi...

JLD — Surprenante, cette première séance. Dans une pièce, devant le metteur en scène et son assistante, nous déroulons le texte que nous avons écrit. Ils nous écoutent, prennent des notes, font la moue parfois, nous demandent de nous déplacer de gauche à droite, de reprendre un passage. Je ne comprends pas le but de cette répétition ; mais s'il faut en passer par là, pourquoi pas ?

Où jouer ?

JLD — Après avoir visité plusieurs salles, Louis-Michel Colla et sa femme Angélique acceptent de nous accueillir à la Gaîté-Montparnasse.

Personnalité du monde du théâtre parisien, Louis-Michel Colla, après des débuts dans l'édition et des piges en tant qu'auteur de scénarios, a notamment écrit en 1993 une comédie, *Mec Mic Mac*, jouée au théâtre Rive Gauche avec Marie Fugain et Christian Vadim. Il est aujourd'hui responsable de deux salles de spectacle, la Gaîté-Montparnasse et les Mathurins.

Le couple nous reçoit avec bienveillance et nous fait découvrir les lieux. Ces derniers sont en rénovation, une partie des fauteuils d'orchestre a été changée.

La salle a préservé son authenticité. Angélique insiste sur la forme particulière du plafond, un ovale qui structure ce théâtre à l'italienne de manière à bien voir la scène, où que le spectateur soit assis.

Fermé au public, le deuxième balcon, qui n'a pas été restauré, nous renvoie au très lointain passé, lorsque Yvette Guilbert, Maurice Chevalier, Georgius, Colette et d'autres fréquentaient l'endroit.

Nous saluons Joffrey, le régisseur général, et Yannick, responsable de la régie des spectacles. Le plateau est suffisamment grand, le rapport au public parfait, ni trop loin ni trop près. Magnifique machinerie à cordes, comme il y en avait jadis dans tous les théâtres. L'ouverture du rideau de scène s'effectue encore manuellement.

Si la photo est bonne...

VB — En fin de matinée, séance photos au théâtre de l'Européen, place de Clichy, où Stéphane Kerrad, le photographe, a installé son studio.

Après le maquillage, nous passons devant l'objectif et alternons les poses avec les différentes tenues que nous avons apportées. Jean-Louis montre des signes d'agacement, cela ne va pas assez vite pour lui. Pour le faire patienter, je fredonne les premières paroles de la chanson de Barbara « Si la photo est bonne », cela n'a pas grand effet sur lui.

Pour ma part, je suis plutôt à l'aise, ce qui n'a pas toujours été le cas. Portraits en plan américain, en solo, en duo et trio avec le metteur en scène s'enchaînent, le photographe nous met en confiance, il varie les lumières, semble satisfait.

L'enjeu est de taille, les photos serviront pour l'affiche et le dossier de presse.

JLD — Cette séance photos me rappelle celle que nous avions organisée pour la campagne des élections législatives de mars 1986. Les candidats du RPR défilaient les uns après les autres dans un salon de l'Hôtel de Ville de Paris pour se faire photographier en bras de chemise avec Jacques Chirac afin de confectionner une affiche identique portant le slogan « Vivement demain ».

Arrive le tour de Jean-Paul de Rocca Serra, candidat à Porto-Vecchio, le « renard argenté », comme on le surnomme en Corse, qui refuse obstinément d'ôter sa veste et de poser en bras de chemise. Malgré mes demandes réitérées, il ne m'en avoue pas la raison.

J'informe Chirac qu'il est têtu comme une « bourrique corse » et ne veut rien entendre. Chirac et lui se mettent à l'écart, négocient, puis Chirac me fait signe de les rejoindre et me demande d'accompagner Jean-Paul à son bureau et de le laisser seul.

Quand le « renard argenté » en ressort, il est en bras de chemise. Et la séance photos se poursuit sans problème. Seul avec Chirac, je l'interroge pour savoir comment il a réussi à lui faire enlever sa veste. Tout sourire, il me répond : « Comme tout bon Corse, Jean-Paul ne sort jamais seul, toujours porteur de son ange gardien ! Je l'ai convaincu qu'il ne risquait rien ici ! »

2

La politique est de retour

Un message de l'Élysée...

JLD — La politique me rattrape, à peine l'ai-je quittée. Ce mardi 20 octobre 2020, à 9 h 30, un message s'affiche sur mon portable. Le secrétariat du président de la République me fait savoir qu'Emmanuel Macron souhaite me voir à 12 heures à l'Élysée. Bien que surpris, j'accepte ce rendez-vous.

J'arrive à 11 h 50 ; l'huissier, visiblement heureux de me revoir, m'introduit au rez-de-chaussée, dans le salon des Aides de camp. Il me confie avoir connu tous les présidents, de Mitterrand jusqu'à l'actuel.

C'est la deuxième fois que je reviens à l'Élysée depuis l'élection de Macron. J'y avais en effet déjà tourné une séquence du documentaire *Mon Chirac*, mais je n'avais alors pas rencontré le Président.

Le salon a été entièrement refait. En entrant dans la pièce, je remarque tout de suite deux boîtes posées devant la fenêtre. L'huissier m'indique qu'elles sont destinées à recevoir les portables des participants aux réunions. Il y a aussi un grand distributeur de gel hydroalcoolique pour se désinfecter les mains.

À 12 h 10, l'huissier m'accompagne au premier étage, le Président m'attend dans son bureau. Il me fait remarquer que l'escalier d'honneur a aussi été entièrement restauré.

Emmanuel Macron m'accueille en bras de chemise, tout sourire. Je m'interroge toujours sur la raison de ce rendez-vous. Il me demande ce que je fais en ce moment, puis comment je perçois la situation après l'assassinat du professeur Samuel Paty. Je lui fais part de mon inquiétude face à la montée de la violence, sentiment qu'il partage. C'est le sens, me dit-il, de ses dernières interventions sur le séparatisme islamiste et de la loi sur la laïcité.

J'ajoute que ce n'est pas par une nouvelle loi que le problème se réglera. Appliquons celles déjà existantes. Après tout, la laïcité est affirmée dans notre Constitution. J'ai cependant conscience que la loi est plus que jamais un moyen de communication politique.

Je lui fais part de mon interrogation : après cet assassinat, le ministre de l'Intérieur a décidé de fermer une mosquée et d'expulser de nombreux islamistes considérés comme dangereux. Soit, mais s'ils étaient si dangereux, pourquoi avoir attendu ?

L'important, me semble-t-il, est de donner des instructions fermes aux préfets afin d'être plus vigilants dans le contrôle de la légalité des subventions accordées par les municipalités à certaines associations. À l'Éducation nationale d'être intransigeante à l'égard de celles et ceux qui diffusent dans les établissements scolaires une propagande islamiste radicale et portent des tenues religieuses ostentatoires. Au gouvernement d'exécuter les obligations de quitter le territoire national décidées par la justice...

Au surplus, l'attitude de certains politiques en ce moment est désastreuse. Après cet assassinat, nous aurions dû afficher, au moins pendant quelques jours, une image d'unité nationale.

Il m'écoute, sans faire de commentaires, et en vient enfin à la véritable raison de notre entretien.

« Le problème qui se pose, me précise-t-il, ce sont les élections régionales et départementales qui normalement doivent avoir lieu en mars. J'ai maintenu les dernières municipales et j'ai bien fait. Nous étions au début de la pandémie. Mais maintenant, la situation est tout autre, l'épidémie se prolonge, alors que faire ? La décision en ce qui concerne leur tenue doit être prise rapidement, au plus tard fin novembre. Accepteriez-vous de vous charger d'une mission pour éclairer notre décision ? »

J'hésite avant de lui répondre positivement et lui précise que, à mon avis, il devrait se tenir à l'écart de ce débat afin d'éviter toute polémique. Il ne me cache pas son souhait de reporter ces élections après la présidentielle. Sinon, « nous passerons à la trappe ». Je suis surpris de cet aveu.

Il est évident qu'il envisage les échéances régionales et départementales avec une certaine appréhension. Il ne me le confie pas, mais son intention est clairement de se représenter. Et ces deux scrutins risquent, à l'évidence, par leur résultat, de créer des dynamiques politiques qui pourraient lui être défavorables. D'où son souhait de les reporter.

Face à mon hésitation, il me dit songer à me confier la direction de cette « commission » en tandem avec Robert Badinter, qu'il n'a cependant pas encore contacté.

Je lui confirme être disposé à assumer cette « mission », mais seul. Pas la peine de réunir une commission. Il me remercie et ajoute : « Le Premier ministre reçoit demain à Matignon les représentants des partis. Cette question sera évoquée et le Premier ministre avancera alors votre nom. »

C'est ainsi que se termine notre entrevue. Avant de sortir, je lui confie que je veux demeurer totalement libre de mes conclusions. En me raccompagnant en haut de l'escalier, il me remercie chaleureusement et m'appelle par mon prénom. Avant d'ajouter : « Le Premier ministre va vous téléphoner. »

Le Premier ministre au bout du fil

JLD — Jean Castex m'informe que le Président lui a fait part de notre conversation. Deux options, selon lui, sont envisageables. Réunir une commission avec des représentants de chacune des formations politiques. Ce qu'il qualifie d'option A. Sinon, entendre les responsables des partis politiques, option B.

Je lui indique préférer que l'on évoque une « mission » d'information plutôt qu'une « commission ». Je commencerai par entendre le président du Comité scientifique, avant de recueillir l'avis des présidents des associations, des conseils régionaux et départementaux...

« Et des partis politiques, me recommande-t-il.
— Naturellement, et des présidents des groupes parlementaires au Sénat et à l'Assemblée. La question est de savoir si, compte tenu des perspectives d'évolution de la pandémie, la campagne électorale peut se dérouler dans de bonnes conditions. Avec cette particularité que les élections régionales et départementales ont lieu en même temps. »

Il m'informe de son projet d'évoquer mon nom devant les représentants des partis politiques qu'il doit recevoir dans l'après-midi. Il reprendra contact avec moi après. Je lui rappelle combien il est politiquement important que le Président se tienne à l'écart de cette mission.

21 octobre, 18 h 30. Castex me rappelle : « Votre nom a fait l'unanimité », et ajoute : « Cela ne m'étonne pas. La question essentielle est d'abord d'assurer le bon déroulé de la campagne électorale. »

Il me soumettra le lendemain les termes de ma lettre de mission.

Je lui précise mon souhait de commencer sans attendre. Il contactera le président du Comité scientifique pour que je puisse le rencontrer très rapidement.

Il propose de faire signer la lettre de mission par le ministre de l'Intérieur. Ma réponse est négative. Elle doit être signée par le Premier ministre, et personne d'autre.

Projet de théâtre suspendu

JLD — Le 28 octobre 2020, le président de la République annonce un nouveau confinement sur l'ensemble du territoire national à compter du lendemain.

Nous recevons un courriel d'Olivier Kaefer : « Suite aux annonces d'hier du président de la République, les rendez-vous de novembre sont annulés. Aussi allons-nous avancer côté promotion, peut-être par Zoom, puis envisager quelques représentations en province en mai ou juin si les théâtres ont rouvert d'ici là. Le cap des représentations parisiennes en septembre 2021 est, lui, maintenu. »

J'oublie mes projets de théâtre et je me consacre à la mission qui m'a été confiée. En moins de trois semaines, je procède à plus de soixante auditions, la plupart par téléphone ou vidéoconférence : présidents du Sénat et de l'Assemblée nationale, présidents des commissions des lois et des délégations aux collectivités territoriales, présidents des groupes parlementaires du Sénat et de l'Assemblée nationale, chefs de partis politiques représentés au Parlement, présidents d'associations d'élus, des conseils exécutifs des collectivités...

VB — Avec cette annonce gouvernementale ressurgissent avec violence mes souvenirs du premier confinement : le temps suspendu, les projets abandonnés, l'incertitude et la peur. L'angoisse de tout quitter, sans savoir quand cela s'arrêtera, puis une sorte de plaisir étrange presque coupable. D'un côté, avoir le temps de faire ce que l'on aime et, de l'autre, l'horreur, tout autour, le monde en arrêt, puis la famille souffrante au loin, l'impossibilité de se déplacer, d'apporter un réconfort physique. Triste et funeste litanie quotidienne.

C'est donc cela, le XXIe siècle tant espéré ! Combien sommes-nous alors à nous demander quand la vie va reprendre son cours normal ? Jean-Louis et moi nous raccrochons à ce que nous aimons, écrire.

Je croyais que le monde en sortirait grandi, plus fort, prêt à affronter les grands enjeux climatiques des prochaines décennies. Oui, je croyais...

Pendant ce deuxième confinement, nous restons à Paris, Jean-Louis mobilisé par sa mission, moi travaillant sur la pièce.

À Matignon

JLD – « Les échos que j'ai de vos contacts sont tous excellents », me dit Jean Castex en me remerciant d'avoir accepté cette mission. C'est la première fois que je le rencontre, il me parle de ma famille et m'interroge sur mes souvenirs de Matignon, quand mon père était Premier ministre.

Je lui raconte deux anecdotes amusantes.

Celle de ma première visite à Matignon. Le général de Gaulle vient d'être élu président de la République, mais avant d'entrer officiellement à l'Élysée, il demeure à Matignon. Ce soir-là, il a invité mes parents et leurs quatre garçons à y dîner. Mon père n'est pas encore chef du gouvernement. Après le repas, le Général et mon père se retirent pour discuter. Madame de Gaulle fait visiter à ma mère l'appartement du Premier ministre. Nous les suivons. En passant devant une porte entrouverte, je jette un coup d'œil et j'aperçois sur un lit un pyjama. Je n'ai jamais vu des jambes aussi longues. C'est à l'évidence celui du Général.

Ma mère, avant même que je ne fasse signe à mes frères pour qu'ils viennent voir ma découverte, m'attrape par le col et me remet dans le droit chemin. Madame de Gaulle n'a rien vu... mes frères non plus !

J'évoque aussi l'épisode avec madame Khrouchtchev, l'épouse du chef du gouvernement de l'Union soviétique, les pieds dans une bassine d'eau froide. En effet, à l'occasion de la visite officielle de son mari, en mars 1960, un déjeuner est offert par mes parents. Il est prévu que madame Khrouchtchev, avant le repas officiel, monte s'isoler un instant afin que ma mère lui présente notre famille. Mais comme ses pieds ont gonflé, ma mère l'a installée sur le canapé au milieu du grand salon du premier étage pour qu'elle puisse les tremper dans une bassine d'eau froide. C'est à ce moment-là que nous venons la saluer. La seule image que je conserve de l'épouse du maître du Kremlin : ses pieds dans l'eau !

Après cette entrée en matière, Castex en arrive enfin à la mission qu'il m'a confiée. Je lui communique la liste des personnes déjà rencontrées et j'assure pouvoir lui remettre mes conclusions écrites très prochainement.

« Quelles seront-elles ?

— Mon objectif a été de dédramatiser ce déplacement inévitable des prochaines élections départementales et régionales qui doivent se tenir en mars prochain. Un quasi-consensus existe pour le mois de juin. Il convient, dans les meilleurs délais, dès les premiers jours de décembre, de communiquer officiellement la position du gouvernement sur ce report et de déposer un projet de loi assorti des recommandations qui figurent dans mon rapport. »

Jean Castex me demande s'il n'est pas possible de séparer les départementales des régionales. Je lui rappelle que c'est la loi qui a regroupé le même jour ces deux élections – ce n'est pas la première fois ni la dernière que l'on vote des lois stupides. Dans nombre de petites communes, la tenue de deux élections le même jour n'est pas sans poser des problèmes d'organisation, et cela d'autant plus que nous sommes dans un contexte sanitaire difficile. Cette question sera abordée dans le rapport.

Dissocier les départementales et les régionales, c'est prendre le risque de faire exploser le consensus politique que j'ai obtenu et de donner le sentiment que le gouvernement « magouille ». Il faudra alors trouver des dates pour organiser les deux tours de scrutin, ce qui n'est pas simple.

« On peut faire les départementales en juin et reporter les régionales après la présidentielle, suggère le Premier ministre.

— Vous donnerez prise à une polémique qui se retournera contre vous. Il apparaîtra que vous avez tellement peur que ces régionales soient une rampe de lancement pour les présidents de région réélus que vous préférez les placer après l'élection présidentielle. »

Il a l'air d'en convenir.

Enfin nous évoquons le vote par correspondance ; je lui exprime ma prudence à ce sujet.

Face à Castex

JLD — Ce 13 novembre, après une séance de photos où je lui remets officiellement le rapport, Castex me reçoit de nouveau dans son bureau. Il est d'humeur aimable. Je lui fais part de mes recommandations. Il me dit qu'il les reprendra toutes.

Je l'avertis du risque d'ouvrir une polémique politique et d'aller vers une censure de la part du Conseil constitutionnel si une loi reportait ces élections en 2022, comme le souhaitent le chef de l'État et le président de l'Assemblée nationale.

J'ai donc clairement écarté cette hypothèse, malgré les espérances du président Macron. Je lui dis également combien je suis opposé à la « clause de revoyure automatique ». Elle consiste à placer dans la loi une disposition qui permet à l'exécutif, en fonction des événements et de la pandémie, de repousser la date des élections. Il ne réagit pas. J'ai l'impression qu'il est de mon avis.

Sur les entretiens que j'ai eus avec les scientifiques, je lui signale n'avoir pas voulu écouter seulement les membres du Conseil scientifique, dont on dit, je ne sais si cela est exact, que certains seraient « très proches » du Président.

Sur le vote par correspondance, je lui confirme mes réticences. Supprimé en 1975 par le législateur à cause de fraudes, il a été remplacé par le vote par procuration, qui soulève également quelques interrogations. En effet, puisque les élections se font à deux tours, est-on capable d'acheminer dans les délais impartis les bulletins du second tour ? Selon le ministère de l'Intérieur, 30 % des votes des Français de l'étranger ont été annulés lors des précédentes législatives.

Mais surtout, est-on certain de pouvoir garantir la liberté du votant ? N'oublions jamais que le passage dans l'isoloir est une conquête de la démocratie républicaine. Il garantit aux électrices et électeurs la liberté, l'indépendance, l'égalité en droit. En passant par l'isoloir, le citoyen n'a de comptes à rendre à personne quant à ses préférences politiques. L'isoloir préserve le votant de toutes pressions politiques, influences, notamment religieuses, lorsqu'il met son bulletin dans l'urne. Le vote est secret.

Aux dernières municipales, à juste titre, le gouvernement s'est opposé aux listes communautaires. Mais le vote par correspondance ne le permet-il pas, dans certaines situations ?

Le ministère de l'Intérieur m'a indiqué que cette solution coûterait environ 75 millions par scrutin, soit environ 300 millions d'euros pour les deux tours des départementales et des régionales. Un appel d'offres pour un tel marché public serait nécessaire. Est-on prêt ?

Jean Castex en convient et se dit lui aussi très réservé quant à l'opportunité de le mettre en place.

J'ajoute qu'il serait difficile pour les Français de se déplacer deux fois pour aller voter. S'il en était ainsi, la démocratie serait bien malade. L'absentéisme s'explique par de multiples raisons, dont certaines, à tort ou à raison, tiennent d'abord à l'image de la classe politique.

Cette rencontre d'une demi-heure me laisse un sentiment confus, comme si Jean Castex était un peu ailleurs, que tout cela ne le concernait pas vraiment, n'était pas son affaire. Peut-être, connaissant ce que Macron souhaite – à savoir chercher par tous les moyens à repousser ces élections à après la présidentielle –, n'est-il pas totalement d'accord, sans pouvoir me l'avouer. En me raccompagnant, il me dit : « On se reverra, je vous ferai signe. »

La remise officielle du rapport au gouvernement et la fin du deuxième confinement ont lieu le 15 décembre 2020. Retour à la normalité.

3

Le projet de spectacle prend forme

À l'affiche !

VB — Non sans émotion, nous recevons les propositions d'affiche.

L'essai avec nos visages entourés d'un halo dessiné au crayon ne convainc pas. Le deuxième projet reprend nos portraits, côte à côte, sur fond blanc. Intéressant, mais trop statique. C'est le troisième qui nous met d'accord : nous deux en plan américain, séparés par un bandeau sur lequel sont inscrites les informations du spectacle. C'est finalement la photo avec mon haut coloré du créateur Jérôme L'Huillier et ma veste de smoking que nous préférons. Jean-Louis porte un blazer, une chemise avec un jean. Ces contrastes dynamisent l'affiche.

Les décors sont de...

VB — Rendez-vous avec les trois Olivier, le producteur, le metteur en scène et Olivier Prost, le décorateur, dont je fais la connaissance. Celui-ci nous présente ses esquisses pour le décor : un salon bourgeois, pourvu d'un miroir, d'une bibliothèque, de fauteuils et d'une table basse, d'un piano à queue, et de plusieurs Marianne sur des stèles.

L'idée des Marianne est excellente. Elle fait écho à l'aménagement par Jean-Louis d'une salle qui leur est consacrée à l'Assemblée nationale. Et bien sûr à sa collection personnelle qu'il présentait dans son bureau du Conseil constitutionnel. Les visiteurs découvraient l'histoire des Marianne et les particularités de chacune. La plus ancienne, en argile cuite et peinte, date de la Révolution française. En la présentant, Jean-Louis s'amusait à ajouter : « Hier comme aujourd'hui, la France a besoin d'argent, à votre bon cœur, messieurs dames. » Et il retournait alors le buste, en réalité une tirelire, ce qui provoquait des rires.

Le décor de la pièce doit représenter un lieu associé à l'image de Jean-Louis. Un salon, un bureau, une bibliothèque ?

Je ne suis pas convaincue par le coin salon avec une table basse. Jean-Louis n'aime pas être avachi dans un fauteuil. Le connaissant, je pense qu'il préférera s'exprimer debout. Lors des conférences que nous avons données pour présenter notre livre, rares ont été les moments où nous sommes restés assis et peu fréquents les modérateurs à qui nous avons laissé la conduite de l'entretien. Ce dernier se terminait d'ailleurs souvent par une phrase du genre : « Merci pour ce numéro presque théâtral qui semble bien rodé ! »

En revanche, un bureau rappellerait les arcanes du pouvoir, le responsable politique qu'incarne Jean-Louis aux yeux de l'opinion publique. On peut y poser quelques livres, un sous-main en cuir, des notes, ce qui peut être pratique en cas de trous de mémoire… pour lui comme pour moi.

L'idée plaît. Jean-Louis la valide.

Olivier Macé souhaite un tapis, pour l'aspect chaleureux, plus intime. Il servira aussi de repère dans l'espace.

Derrière le bureau, au fond, entre les Marianne, un faux miroir dont le reflet renverra les éléments de décor d'un salon haussmannien, avec ses rideaux, son lustre en cristal.

Cet effet disparaîtra avec la projection des vidéos et du travail graphique de Mathias Delfau, le vidéaste.

Du livre au théâtre

VB — Le metteur en scène nous a demandé une version retravaillée de la pièce que nous lui avions présentée lors de notre audition.

La plupart de mes textes sont écrits quand ceux de Jean-Louis sont improvisés. Il aime à varier les versions. Mais au théâtre, il est indispensable d'avoir un texte précis pour servir de référence au metteur en scène, à la régie, au pianiste et, accessoirement, à sa partenaire !

Nous avons tellement travaillé les portraits de ces femmes pour le livre que Jean-Louis n'a pas envie de les réécrire pour la pièce. « Je sais ce que j'ai à dire », me répond-il. Alors, comment faire ?

L'idée me vient de lui proposer de l'enregistrer et de retranscrire ses propos, même si cette méthode ne me simplifie pas la tâche.

Il accepte de bonne grâce et commence par l'une de ses héroïnes préférées, Julie-Victoire Daubié.

Le démarrage est mou, Jean-Louis n'est pas à ce qu'il raconte, cherche ses mots, je préfère l'interrompre. Pourtant c'est un portrait qu'il affectionne et présente habituellement avec passion. Là, c'est monotone. Il en est d'accord et reprend.

Petit à petit, il trouve ses marques, s'anime, le récit prend vie, le spectacle s'écrit. Nous continuons avec un autre portrait, celui de l'avocate Jeanne Chauvin. J'espère juste que l'enregistrement a fonctionné !

Rendez-vous avec Louise Michel

VB — Louise Michel fait partie des femmes que nous voulons mettre à l'honneur.

Elle est une héroïne de ces temps où la révolte apparaît comme l'ultime moyen de crier son désespoir.

C'est une personnalité complexe que je ne cesse de redécouvrir. J'ai pu admirer la grande comédienne Bérengère Dautun interprétant le personnage dans la pièce *Dans le regard de Louise*, au théâtre du Ranelagh, en 2013.

De ses écrits, de sa vie, de son comportement ressortent l'affection profonde pour sa mère et son engagement politique inébranlable malgré les condamnations qu'elle a subies. Nous pensons que ses comparutions devant les juges vont nous permettre de restituer la force de ses convictions.

L'idée plaît d'autant plus à Jean-Louis qu'il a été longtemps juge d'instruction.

Nous recherchons dans les journaux de l'époque les retranscriptions des audiences.

Jean-Louis apporte au texte son expérience de magistrat par la rédaction théâtrale de l'acte d'accusation.

Pour renforcer l'intensité de la scène du procès, Jean-Louis décide de revêtir sa propre robe de magistrat remisée dans sa housse depuis de nombreuses années... Ainsi habillé, il m'impressionne. Mais quand il met sa toque, j'éclate de rire.

En ce qui me concerne, je porterai la veste de garde-chasse dénichée il y a plus de trente ans au vestiaire des artistes de l'Union catholique de théâtre.

Il nous semble également important qu'une allusion soit faite au symbole du mouvement anarchiste dont

Louise Michel se réclamait. Sur les gravures d'époque, elle porte un foulard : il sera rouge ! Nous en trouvons un. Seul problème, il est à l'emblème de la feria de Dax sur une des faces. Je vais devoir faire attention chaque soir à le mettre du bon côté afin que le public ne confonde pas le procès de Louise Michel avec une scène de tauromachie !

Les mimes de Colette

VB — Colette a tracé un chemin de liberté pour les femmes grâce à son écriture, mais elle s'est également essayée au mime.

Pourquoi ne pas intégrer dans notre spectacle cet épisode de sa vie ? Comment faire apparaître Colette dans ce registre-là ?

Dans *La Vagabonde*, elle raconte sa vie de comédienne, ses tournées ; j'espère y découvrir un passage qui m'inspirera pour créer une pantomime.

Grâce à l'association « Les Amis de Colette », je retrouve la liste des pièces qu'elle a interprétées avec les dates et les lieux. Ô surprise, non seulement elle a joué au théâtre de la Gaîté-Montparnasse, mais elle y a présenté les deux mimodrames *La Chair* et *L'Oiseau de nuit*.

Chaque canevas a été minutieusement répertorié, mais les pantomimes sont seulement illustrées par des clichés de l'époque reproduits sur des cartes postales. Sur ces dernières, j'aperçois trois artistes sur scène : le mime français Georges Wague, Colette et Christine Kerf, comédienne et danseuse, qui interprète un sous-officier.

À partir de ces quelques photos, j'analyse dans la mesure du possible leurs attitudes corporelles, leurs regards.

Sur la première, Colette et Christine, dans une pose lascive, tête contre épaule. Une autre représente Colette suppliant son compagnon – Georges Wague – d'épargner le sous-officier avec lequel elle l'a trompé. Sur une troisième, elle a le sein dénudé et son amant la menace d'un véritable couteau. Sur une dernière image, l'amant gît au sol.

Ces attitudes sont très théâtrales, l'esthétique est poussée à l'extrême, les gestes exacerbés, caricaturaux pour des spectateurs contemporains.

Dans le cadre de l'exposition « Le pouvoir du geste », hommage au mime Marcel Marceau, dont j'ai assumé notamment la direction artistique à Strasbourg en 2017, les archives de la Gaumont-Pathé m'avaient confié un extrait du mime Séverin dans le mimodrame *Le Cauchemar de Pierrot* de Gaston Velle tourné en 1912. Ce document est l'un des rares qui illustrent la manière dont on jouait la pantomime au début du siècle.

En m'en inspirant, je peux me rapprocher de la façon dont on utilisait son corps dans ces années-là, même si les mimes de Colette sont un peu antérieurs. La technique se transmettait alors par des écoles de Pierrot. Georges Wague, le professeur de Colette, est considéré comme le dernier grand mime de la Belle Époque.

Grâce à ces documents, je réussis à élaborer une première ébauche de pantomime autour du mimodrame *La Chair*, où j'interprète les trois personnages. Pour des raisons évidentes, je simplifie l'intrigue et m'arrête au suicide de l'amant.

Pour *L'Oiseau de nuit*, l'affiche confiée par les amis de Colette m'inspire une abstraction, l'évocation d'une femme oiseau, sensuelle et mystérieuse, comme

Barbara déployant son bras telle une aile lorsqu'elle chantait « L'aigle noir ».

Le metteur en scène entend surprendre le public en faisant entrer Colette par la salle. L'idée m'enthousiasme, aussi dois-je rédiger une introduction à ces pantomimes.

Un matin, chez mes parents en Picardie, j'écris quasiment mot pour mot ce qui deviendra le texte final. Colette, revenant au théâtre de la Gaîté-Montparnasse, se remémore les mimodrames qu'elle y a joués en s'adressant à la salle :

> Ah, je suis contente de te retrouver, rien n'a changé... ou presque... Ah, si, les fauteuils, ils ont changé les fauteuils... Et ce plafond, le seul théâtre en Europe avec un plafond ovale, quel écrin !
>
> Mon premier rang, où l'on jouait des coudes pour y être placé, pour voir mes tenues légères et transparentes, provocantes. [...] Ici j'ai joué avec Georges Wague. Il voulait que je continue dans le métier, moi, « la première mime féminine de mon temps », que je travaille plus, mais l'écriture a pris le dessus. Le mime, l'écriture, des personnages invisibles que l'on rend visibles.

En coulisse

Qu'est-ce qu'on a joué, déjà, ici ? *La Chair*. Mon amant contrebandier qui me surprend avec un sous-officier, les hommes se battent, mon amant l'assomme, le jette dehors. De rage, il va pour me tuer, je recule, il m'attrape, mon vêtement s'arrache et, là, laisse apparaître mon sein ! Cette chair dont il est épris. Il est tétanisé, j'en profite pour m'enfuir. Il comprend qu'il m'a perdue et se tue. Mon plus grand succès !

Et *L'Oiseau de nuit* où je jouais encore une tentatrice, un oiseau de mauvais augure… Toutes ces tournées, qu'est-ce que c'était bien, mais si fatigant, toutes ces villes, ces théâtres ! Je les ai racontés dans *La Vagabonde*.

Qu'est-ce qu'ils jouent, ce soir ? « Ces femmes qui ont réveillé la France ». Oh, bah ça, ça me plaît !

Ce n'était pas gagné : la liberté de vivre et d'aimer, d'être une femme. Et quand on s'est embrassées sur scène avec Missy, oh là là, ils nous en ont fait voir de toutes les couleurs, ah ça oui, le scandale, retiré de l'affiche dès le second soir, interdit par le préfet Lépine ! Tout ça pour le baiser d'une femme avec une femme…

Ah, le silence des théâtres, les murmures… Vous me manquez.

Depuis les coulisses, Jean-Louis criera : « Colette en coulisses, et plus vite !!! » Je suis certaine qu'il me laissera peu de temps pour ma sortie, tant son impatience est toujours grande…

Continuer le combat !

VB — Le passage de Jean-Louis sur Colette se termine par un : « Vive la République ! ». Avant d'aborder le portrait de la première musulmane ministre d'un gouvernement de la République, Nafissa Sid Cara, il me faut imaginer une transition sur le thème du combat pour l'égalité, plus que jamais d'actualité avec les violences faites aux femmes, les comportements sexistes et sexuels, les féminicides…

Après avoir vainement cherché une chanson qui convienne, j'ai décidé de l'écrire sur une mélodie de mon ami compositeur Franck Pétrel. Je retrouve ainsi la passion que j'éprouvais jadis à écrire des chansons, dont beaucoup dorment au fond d'un tiroir…

Après plusieurs tentatives, je m'imagine demander à une vieille dame qu'elle me raconte encore une fois toutes les luttes auxquelles elle a participé pour qu'aujourd'hui, nous, les femmes, puissions être libres et indépendantes. Avant qu'elle ne rende son dernier souffle, je lui promets que ses combats n'auront pas été vains. Cela se termine ainsi :

Une femme sous un toit
N'est pas femme prête à l'emploi.
Leur loi n'est pas le droit.
Des mots, des bleus, des cris, des coups
Une larme qui s'en fout
Une femme s'affranchit
Pendant que là-bas une autre est partie

Et je marche dans tes pas
Fière et fragile à la fois
Et je marche dans tes pas
Je continue le combat.

Et vous vivez un peu puisque je vous survis

VB — Comment conclure ? La pièce se termine sur le combat mené par Jean d'Ormesson pour permettre à une femme, Marguerite Yourcenar, de siéger à l'Académie française après trois cent cinquante ans de monopole masculin.

Naturellement, j'ai choisi ce poème qu'il récitait souvent à la fin de sa vie, extrait du recueil *Les Charités d'Alcippe*[1]. Marguerite Yourcenar l'avait composé à la mémoire de son ami écrivain et éditeur André Fraigneau, dont elle était tombée amoureuse. Amour impossible puisqu'il était homosexuel.

Vous ne saurez jamais que votre âme voyage
Comme au fond de mon cœur un doux cœur adopté ;
Et que rien, ni le temps, d'autres amours, ni l'âge,
N'empêcheront jamais que vous ayez été.
Que la beauté du monde a pris votre visage,
Vit de votre douceur, luit de votre clarté,
Et que ce lac pensif au fond du paysage
Me redit seulement votre sérénité.
Vous ne saurez jamais que j'emporte votre âme
Comme une lampe d'or qui m'éclaire en marchant ;
Qu'un peu de votre voix a passé dans mon chant.
Doux flambeau, vos rayons, doux brasier, votre flamme,
M'instruisent des sentiers que vous avez suivis,
Et vous vivez un peu puisque je vous survis.

Ce poème clôturera notre spectacle avant la pantomime de fin sur une musique de la grande compositrice

1. La fille d'Arès, dieu de la violence et de la guerre, et de la princesse athénienne Aglaure, dans la mythologie grecque.

et ancienne élève de Nadia Boulanger Marguerite Monnot. On lui doit « Milord », « Les amants d'un jour », « L'hymne à l'amour »... interprétés par Édith Piaf. C'est elle aussi qui mettra en musique « Mon légionnaire » chanté par Marie Dubas et repris par Piaf. Et la célèbre comédie *Irma la Douce* d'Alexandre Breffort, créée en 1956 à Paris, avec Colette Renard, qui connaîtra un succès international.

*

5 avril 2021. Le nouveau confinement nous pousse à fuir Paris, nous nous retrouvons au Cap-Ferret.

Tristes de ce nouveau retard, nous commençons à nous demander si nous pourrons un jour prendre le chemin du théâtre. Nous gardons cependant espoir en des temps meilleurs.

4

Des images pour le décor

JLD — Le théâtre ne se résume pas à des paroles, tirades, déclarations, dialogues ou répliques, c'est un ensemble, où le décor, la scénographie et la mise en scène sont essentiels. Tout doit être en harmonie et en complémentarité. C'est la raison pour laquelle Valérie souhaite s'occuper personnellement de la recherche iconographique qui servira au vidéaste.

Quels étaient vos visages ?

VB — Les portraits de nos héroïnes seront projetés lorsque nous les évoquerons.

Entre les cartes postales, les gravures, les photos, les peintures, les dessins, les différentes époques, aucune unité ne se dégage, et cela risque de donner un côté vieillot.

J'aime la modernité, l'épure de la calligraphie japonaise et l'art de l'ombre chinoise. Je m'en inspire pour harmoniser tous les portraits à l'ordinateur. Une unité de style se dessine avec ces visages et silhouettes en noir et blanc.

Plongée dans les archives

VB — Avec le concours de mon ami Paul Houron, régisseur d'Alex Métayer et de Michel Galabru, nous recherchons les illustrations qui vont servir de base pour le travail du vidéaste Mathias Delfau.

Nous trouvons une gravure en noir et blanc dont la légende précise : « Vue d'une salle de récréation de la crèche fondée par madame Madeleine Brès ». Et, surprise, il y est indiqué que les enfants sont revêtus dès leur entrée de vêtements roses ou bleus.

Je m'interroge sur la couleur choisie par Madeleine Brès. Dans l'histoire du vêtement, du Moyen Âge à la Révolution française, le bleu n'a pas toujours été la couleur des jeunes garçons, mais plutôt celle des petites filles, le bleu étant associé à la Vierge. Les jeunes garçons arboraient plutôt du rose[1].

*

Pour illustrer les Boucicaut et la création des grands magasins, nous retrouvons différentes cartes postales anciennes représentant le Bon marché et ses multiples transformations architecturales. Le hall d'entrée est majestueux, avec son grand escalier ou encore la verrière au dernier étage qui dégagent de vastes espaces pour mettre en scène les produits.

Toute une série d'estampes nous replonge dans la vie quotidienne de cet établissement : les divers corps de métier, la salle à manger pour les dames et les demoiselles, celle réservée aux « chefs de service et employés » et celle d'à côté « aux garçons de magasin et aux cochers », le salon de lecture...

On oublie trop souvent que le couple Boucicaut a compris très tôt l'importance des slogans publicitaires. Nous voulons les reprendre pour montrer ainsi leur actualité,

1. Scarlett Beauvalet-Boutouyrie et Emmanuelle Berthiaud, *Le Rose et le Bleu. La Fabrique du féminin et du masculin*, Belin, 2015.

leur modernité. Nos publicitaires d'aujourd'hui n'ont rien inventé !

Parmi les documents retrouvés, une superbe affiche en couleurs de la maison Aristide Boucicaut-Au Bon Marché vante le rayon jouets pour Noël. Un Pierrot aux allures de géant survole l'imposant édifice. Au bout de ses doigts, des fils reliés à des jouets tels ceux d'un marionnettiste.

Vive la révolution sociale !

VB — Suivre Louise Michel dans ses combats au travers des archives m'amène à découvrir les réalités politiques et sociales de l'époque, dont la dureté, la violence sont bien difficiles à supporter. Elles vont inspirer mon jeu de scène, leur donner une authenticité qui ne peut être seulement feinte.

Là, la représentation d'une barricade défendue par les femmes sous la Commune, ici, un bulletin édité par le Comité central de l'Union des femmes pour la défense de Paris et les soins aux blessés. Sur une gravure, les communards fusillés devant le mur des Fédérés, au cimetière du Père-Lachaise, puis un photomontage : l'assassinat des otages de la Commune à la prison de la Roquette. Ces images témoignent de ce que Louise Michel a vu ou vécu.

S'ajoute à cela la liste des prisons où elle fut incarcérée : le grenier des fourrages à Satory, la prison des chantiers à Versailles, l'abbaye d'Auberive...

À Versailles, un montage photo des insurgées faites prisonnières le 15 août 1871 fige toutes ces femmes dans l'attente d'un jugement, d'un transfert ? Seront-elles condamnées à l'exil, partiront-elles sur ces frégates que j'aperçois sur des cartes postales ?

Atteindront-elles un jour les rivages de la Nouvelle-Calédonie ou mourront-elles pendant ces traversées interminables où maladies, disette et insalubrité étaient une deuxième condamnation ?

Je retrouve un exemplaire du permis de séjour sur la Grande-Terre de Louise Michel, émanant du service de la déportation, avec le signalement du porteur datant de 1879. Une impression désagréable d'indiscrétion s'empare de moi à la lecture des informations retranscrites : « Filiation : fille de père inconnu et de Marianne Michel. » S'ajoute la description physique : « Nez gros, front haut, bouche moyenne, menton normal, visage ovale », qui se termine par le teint : « ordinaire ».

Après sept ans d'exil, Louise Michel n'aura de cesse de reprendre la route, de continuer le combat en parcourant la France. Dans *Le Monde illustré* de 1880, une gravure la représente lors d'une conférence salle Graffard, à Paris. Elle porte une robe et un chapeau noué autour du visage, des bouquets de fleurs sont posés sur la table avec des blocs de papier.

Mais surtout, en arrière-plan, un buste de Marianne. Son ajout à l'iconographie déjà rassemblée s'impose comme une évidence.

Quelle élégance !

VB — Les archives du journal *L'Illustration* sont une mine d'or pour les visuels d'Hubertine Auclert, Jeanne Chauvin, Marguerite Durand et Marie Curie.

Quand Hubertine Auclert manifeste avec ses camarades pour le droit de vote des femmes, quel contraste avec l'allure des manifestants d'aujourd'hui ! C'est en chapeau et robes, pourpoint et dentelles qu'elles foulent le pavé parisien avec panache.

Revendiquer n'empêche pas d'affirmer tout à la fois féminité, élégance et conviction !

La tribune du Palais-Bourbon

JLD — L'image de la tribune de l'hémicycle du Palais-Bourbon apparaîtra en fond de décor quand je reprendrai des discours de députés à l'occasion du vote de la loi permettant aux femmes de devenir avocates.

Valérie me propose d'en choisir une. Mais celles trouvées représentent l'hémicycle de Versailles où se rassemblaient les sénateurs et les députés sous la IIIe et la IVe République pour élire le président de la République et, depuis la Ve République, pour modifier la Constitution.

À titre exceptionnel, j'y avais réuni en tant que président de l'Assemblée nationale les députés français et ceux du Bundestag, le 22 janvier 2003, pour la commémoration du quarantième anniversaire du traité franco-allemand. Le chancelier fédéral d'Allemagne

Gerhard Schröder et le président Jacques Chirac s'étaient adressés du haut de cette tribune aux parlementaires.

Nous découvrons enfin une photo de la tribune du Palais-Bourbon où l'on voit les deux bas-reliefs qui symbolisent l'Histoire et la Renommée du sculpteur Lemot : elle convient parfaitement.

En voiture, madame la duchesse

VB — Je vais mimer la duchesse d'Uzès au volant de son automobile, et des images défileront derrière moi pour donner l'illusion de la vitesse à laquelle elle conduit. J'aime beaucoup cette idée.

Je collectionne depuis mon enfance des cartes postales anciennes. Je recherche dans mes albums celles illustrant le parcours qui aurait pu être celui de la duchesse depuis son domicile parisien de la place Saint-Augustin jusqu'au bois de Boulogne où elle est verbalisée par la police pour « avoir circulé à une vitesse exagérée au risque de provoquer un accident ».

Des images pour le décor

Finalement, il est plus simple de partir de la place de l'Arc de triomphe, d'emprunter l'avenue du Bois qui débouche sur le bois de Boulogne. Les calèches sont encore nombreuses à l'époque et les automobiles plus rares.

5

Enfin les répétitions

JLD — Le metteur en scène a programmé un calendrier de répétitions sur le plateau du théâtre de la Gaîté avec le décor.

Une première semaine de répétitions aura lieu en juin, puis nous nous retrouverons après l'été pour une quinzaine de jours, et ce sera le grand saut !

Plus moyen de reculer, la politique, c'est terminé, une nouvelle épreuve commence. Il va falloir être à la hauteur. Je sais que l'on ne me fera aucun cadeau. J'ai déjà évoqué avec quelques amis politiques ma nouvelle orientation professionnelle. Ils ne la comprennent pas et trouvent même que je prends de gros risques. « Pourquoi quittes-tu la politique ? », « Tu es une personnalité reconnue, tu as encore des choses à dire ».

J'ai la conviction qu'il ne faut jamais s'accrocher et surtout quitter la politique avant qu'elle ne vous abandonne. D'autant qu'une nouvelle génération est arrivée aux affaires publiques et que j'ai chaque jour plus de mal à la comprendre.

Et puis, quelle satisfaction d'appréhender un nouveau métier, d'intégrer un autre univers professionnel, plutôt que de radoter avec des souvenirs !

Il me faut accepter que le metteur en scène me corrige, me dise : « Déplace-toi plus vite sur la scène », « Mets-toi là », « Regarde le public », « Tourne-toi vers Valérie ». En somme, être orienté, dirigé, commandé.

À la recherche d'une compositrice !

VB — Notre spectacle est déjà rythmé par l'interprétation au piano de compositrices souvent oubliées.

« Entre le portrait de Madeleine Brès et celui de Jeanne Chauvin, il nous manque un morceau de musique », estime notre metteur en scène.

Les Sylvains, opus 60 de Cécile Chaminade, interprétés au piano par Anne Le Bozec pour France Musique m'enthousiasment, je les lui propose.

Cécile Chaminade est née en 1857. Georges Bizet, un ami de la famille, la surnomme « mon petit Mozart » et intercède pour qu'elle puisse suivre des cours privés avec Félix Le Couppey pour le piano, Benjamin Godard pour la composition et Sébastien Savard pour l'écriture musicale. Son père refuse que sa fille entre au Conservatoire national de musique dans la classe réservée aux femmes. Comme beaucoup d'hommes à l'époque, il considère que, dans la bourgeoisie, les filles sont destinées à être des épouses et des mères.

Elle ne sera ni l'une ni l'autre. Sa mère, mélomane et pianiste elle aussi, convie les grands musiciens dans son salon et déroge aux injonctions paternelles. À dix-huit ans, profitant de l'absence de son père, Cécile se produit pour la première fois salle Pleyel. Son interprétation au piano des trios de Beethoven et de Widor remporte un grand succès. Sa carrière est lancée et elle présentera ses propres compositions à son prochain récital...

Elle joue en Europe, notamment en Angleterre où elle est l'invitée de la reine Victoria. Lors de ses tournées aux États-Unis et au Canada, elle fait salle comble. Pourtant le journaliste du *New York Evening Post* ose écrire : « Dans l'ensemble, ce concert a confirmé la conviction de beaucoup que, si les femmes peuvent voter un jour, elles n'apprendront jamais à composer quelque chose qui en vaille la peine. Toutes semblent superficielles quand elles écrivent de la musique »...

En 1913, elle est la première compositrice à recevoir la Légion d'honneur. La guerre interrompt sa carrière : elle devient directrice d'un hôpital et meurt dans l'oubli en 1944, à Monte-Carlo.

Cécile Chaminade a embrassé une carrière de compositrice et de pianiste, s'adonnant à des genres différents, de la mélodie piano-voix à la musique de chambre, de la suite d'orchestre au ballet, en passant par une symphonie lyrique pour chœurs. En tout, plus de 400 œuvres originales dont plus de 200 pour piano. Elle n'a été redécouverte que dans les années 2000.

Quel parcours passé sous le silence des hommes... Bienvenue, Cécile Chaminade, parmi « Ces femmes qui ont réveillé la France » !

« The Voice », c'est maintenant !

VB — Sur le plateau du théâtre de la Gaîté, nous travaillons sur le portrait de Louise Michel.

Je suis impressionnée par l'énergie déployée par cette icône de la Commune à dénoncer les inégalités sociales et je propose à Olivier, le metteur en scène, de présenter son plaidoyer, construit à partir des mots mêmes de Louise Michel, sous la forme d'un cri scandé librement et de manière rythmée, ce qu'on appelle aujourd'hui un « slam ».

Il accepte ma suggestion.

Le slam comme le hip-hop font partie d'une culture qui obéit à des codes, des pratiques qu'il me convient d'apprivoiser.

Un jeune chanteur et slameur, Tarik, m'a étonnée lors de ses passages à l'émission « The Voice ».

D'abord avec son texte d'une mère enceinte qui s'adresse à son enfant qu'elle ne mettra pas au monde puisqu'elle va avorter. Puis dans sa version très personnelle du « Déserteur » de Boris Vian. La progression dramatique, la répétition de certains mots, telle une litanie, l'énergie mise dans l'interprétation collent totalement à ce que je recherche pour la plaidoirie de Louise Michel lors de son procès.

Olivier Kaefer organise une entrevue avec Tarik, j'en suis ravie.

Lors de notre rencontre, il est fidèle à l'image qu'il m'avait renvoyée à l'écran : rayonnant, souriant, à l'écoute, disponible, habillé d'un tee-shirt et d'un jean.

Il lit à haute voix le texte que j'ai rédigé. Il me propose quelques changements, pour l'écho des mots dans la phrase, des inversions de manière à privilégier les rimes... On supprime, ajoute, corrige pour rendre le message plus impactant. Il me fait remarquer combien, dans un slam, les temps de pause sont importants. Ils permettent le passage d'une idée à une autre, ils créent un suspens. « Émotions et rythmes sont souvent liés, quand un rythme marche, l'émotion arrive », nous précise Tarik.

Je suis ses recommandations, elles ne trahissent pas mon texte mais le renforcent, le rendent plus vivant, actuel.

De tout ce travail naît ce texte final :

C'est un procès politique qui nous est intenté ;
Ce n'est pas nous qu'on poursuit.
C'est un parti qu'on poursuit.

On n'est pas habitués à voir une femme penser ;
Ce qui vous étonne, vous épouvante même
Est qu'une femme puisse oser.
On veut voir dans la femme
Une ménagère, une courtisane !
On n'est pas habitués à voir une femme penser ;

C'est un procès politique qui nous est intenté ;
Ce n'est pas nous qu'on poursuit.
C'est un parti qu'on poursuit.

Nous avons pris le drapeau noir
Celui des grèves et de mes frères
Pouvions-nous en prendre un autre ?
Le drapeau rouge est cloué dans les cimetières
On ne doit le reprendre
Que si on peut le défendre.

C'est un procès politique qui nous est intenté ;
Ce n'est pas nous qu'on poursuit.
C'est un parti qu'on poursuit.

Nous sommes aujourd'hui en pleine misère...
Nous n'appelons pas ce régime-là une république.
Nous appelons république
Un régime où on irait de l'avant,
Où il y aurait une justice,
Et du pain pour ses enfants.
Nous sommes à une époque d'anxiété.
Que se lève la liberté !
Que se fasse l'égalité
Et nous serons sauvés !

C'est un procès politique qui nous est intenté ;
Ce n'est pas nous qu'on poursuit.
C'est un parti qu'on poursuit.

En fin de séance, Tarik accepte de se prêter à un enregistrement de travail afin que je puisse m'imprégner de cette scansion particulière, ni chantée ni parlée, faussement théâtrale.

Je travaille ainsi souvent avec la voix de Tarik dans mes écouteurs, je suis son conseil de m'enregistrer en train de slamer de manières différentes pour ne conserver que les moments intéressants.

Devoirs de vacances

JLD — Trouver le rythme de nos dialogues pour coller aux images projetées en arrière-plan sur la scène : le programme de nos vacances d'été !

Le jeu sur scène va évidemment évoluer mais le rythme devra toujours être soutenu.

Olivier Macé, qui a fait ses armes avec le théâtre de boulevard, insiste sur le rythme qui doit cadencer nos interventions et les ruptures qui entraînent des effets comiques.

VB — Nous devons nous filmer pour mieux nous corriger et ensuite lui envoyer ces séquences.

J'ai du mal à convaincre Jean-Louis de répéter en situation, il préférerait des « italiennes », c'est-à-dire le filage du texte sans bouger et d'un ton neutre.

J'insiste pour installer un semblant de décor et garder les déplacements et les distances prévus par la mise en scène.

Enfin les répétitions

Le bureau devient une table pliante, pas de piano mais une chaise haute de bar de cuisine. Le costume de Jean-Louis est de circonstance : polo et short !

L'exercice n'est pas simple. Je cherche mes mots, mon texte n'est pas encore suffisamment su. Jean-Louis réagit par quelques mimiques qui me font sourire. Je suis certaine qu'il va faire un peu de mime bientôt, même inconsciemment. Il a cette faculté d'apprendre très vite. Il me répond avec naturel, le duo fonctionne bien.

J'adresse *via* Internet la vidéo au metteur en scène qui, à distance, nous prodigue ses conseils, nous demande de muscler davantage le texte, d'y mettre plus de rythme, de « gourmandise ».

Si Jean-Louis garde son texte à la main, j'essaye pour ma part de tout mémoriser.

Me reviennent les recommandations de Rita Maiden, partenaire de Jacques Tati dans *Playtime* : « Tu dois beaucoup et souvent répéter. Et au moment de la représentation, oublier tout le travail pour pleinement jouer. »

Ne dit-on pas « Cent fois sur le métier remettez votre ouvrage » ? Jean-Louis s'impatiente, aimerait profiter du beau temps, aller marcher, se baigner. J'insiste pour refaire une prise, je voudrais qu'il y ait de ma part le moins d'accrocs possible avec le texte.

Lorsque le résultat est enfin satisfaisant, nos enregistrements sont transmis au vidéaste qui utilise le son pour caler les images.

Les premiers montages vidéo que nous recevons sont encourageants. La finalité de ce travail devient concrète, nous rend optimistes pour la suite.

La dernière ligne droite...

JLD — Nous retrouvons enfin la scène du théâtre de la Gaîté pour les ultimes répétitions !

La salle est en partie plongée dans le noir, sans public. Au centre trônent notre metteur en scène Olivier Macé et son assistante Laurence.

Monsieur du Rythme

JLD — « Du rythme, du rythme... il faut en donner à votre jeu sur scène », ne cesse de nous recommander Olivier Macé, véritable obsession chez lui. « Les spectateurs en ont besoin pour vous suivre. Le texte, l'histoire sont importants, mais s'il n'y a pas de rythme dans ce que vous racontez, dans vos dialogues, le public décrochera. » Désormais, je le surnomme « Monsieur du Rythme ».

Pour Olivier Macé, le rythme, c'est en quelque sorte le courant électrique qui passe des acteurs aux spectateurs et porte le texte. Mais attention à ne pas tomber dans le survoltage et prendre le risque d'un court-circuit qui vous déconnecterait du public.

Au début, je croyais pouvoir me permettre des improvisations. J'en ai vite été dissuadé. Il est vrai que cela me change des discours politiques où il est possible de se laisser aller à quelques digressions. Au théâtre, il convient de rester fidèle au texte, ne serait-ce que vis-à-vis de ses partenaires et de la régie qui pourraient être perturbés si vous ne respectez pas votre partition.

Le comédien, à la différence de l'homme politique, n'est pas à une tribune ou sur une estrade face à des militants ou sympathisants. Il n'a pas à haranguer une foule, mais à parler normalement, à dialoguer avec sa partenaire face à un public qu'il ne connaît pas et qui a payé sa place pour assister à un spectacle.

« Reste dans la lumière, quand tu parles, me recommande à maintes reprises Olivier Macé. Il faut savoir se déplacer sur scène, regarder le public, le prendre parfois à témoin, en faire son complice. Mais attention à ta tendance à cabotiner. »

Cet apprentissage, au début, m'a beaucoup déstabilisé. Plus je répétais, moins j'étais à l'aise sur scène, et plus l'angoisse me saisissait.

Cependant, jamais je n'ai envisagé de renoncer. Il m'a fallu du temps pour que je retrouve une certaine confiance en moi. Jouer au théâtre s'apprend, particulièrement dans mon cas. Il faut de la persévérance pour acquérir un savoir-faire ou du talent.

Mais qu'est-ce que le talent ? Comment le définir ? C'est une question qui m'interpelle. Est-ce le simple désir de séduire le public, de l'aimer, de le respecter ? Selon le grand comédien Michel Bouquet, c'est aussi la capacité à s'effacer, à disparaître derrière son personnage.

Sur les recommandations d'Olivier Macé, je prends conscience que jouer au théâtre ne saurait être un acte machinal, répétitif, une routine, en tous les cas pas pour moi.

Je réalise combien la mise en scène constitue la clef de voûte du spectacle. Elle permet une compréhension plus aisée du texte.

Nous avons la chance de pouvoir bénéficier en ce domaine de ses conseils, lui qui a plus de soixante mises en scène à son actif et a été récompensé par un Molière.

Avec patience, il m'inculque les bases du métier, il corrige mes défauts, m'apprend à respecter le public, le « quatrième mur », pour reprendre l'expression des professionnels.

Certes les comédiens et comédiennes dialoguent entre eux, mais en réalité c'est au public qu'ils s'adressent. C'est pour lui qu'ils se produisent sur scène. Il convient de capter au mieux son attention, d'en faire son complice privilégié dont les réactions sont une composante du spectacle !

Très vite, dès les premières minutes du spectacle, lorsque Valérie s'exprimera et que je pourrai regarder la salle, je percevrai si le public « accroche » et s'il saisit la main que nous lui tendons pour nous accompagner dans cette histoire au féminin.

Un peu de cinéma, Valérie

VB — « Quand tu surgis dans la salle dans le rôle de Colette, fais un peu de cinéma, Valérie, sois grandiloquente, me suggère notre metteur en scène. Ton texte est trop à plat, tu dois tenir en haleine le spectateur. Tu dois avoir du rythme, des phrases percutantes. Notamment quand l'amant contrebandier surprend le sous-officier en train de fricoter avec sa dulcinée », insiste Olivier.

Je mime un contrebandier à l'allure de corsaire qui regarde l'horizon, il trouve sa bien-aimée dans les bras d'un autre, s'ensuit une altercation, je l'assomme, le jette dehors. J'alterne avec chaque personnage, la femme qui a peur et recule, l'homme qui la menace, elle qui s'en va, lui est au désespoir, je prends un poignard invisible, il comprend qu'elle est partie, je fais un point fixe avec mon bras droit, j'alterne un visage de colère, un visage de désespoir, comme Marcel Marceau dans *Le Fabricant de masques* alterne entre le masque qui rit et celui qui pleure. Puis je prends le poignard et mime son suicide.

Olivier me demande une rupture plus nette à la fin. Dès que le contrebandier se tue, je dois redevenir Colette, la comédienne qui salue le public par une révérence avec cette réplique : « Mon plus grand succès ! » « Pas de césure entre les deux, m'indique Olivier, et tu provoqueras les rires dans la salle, tu verras. »

J'alterne mime et texte, sans les faire se chevaucher. Sinon ils deviennent comme deux personnes parlant en même temps.

« C'est plus compréhensible pour le public, acquiesce Olivier. Continue à simplifier, Valérie, poursuit-il. On refait un filage et on enchaîne avec l'entrée de Jean-Louis. »

Tu es trop sur le même ton

VB — « Méfie-toi du côté narratif : tu ne prononces pas une conférence. C'est comme si tu nous racontais une belle histoire, mais le public doit être suspendu à tes lèvres. Sinon tu installes le spectateur dans quelque chose de monotone qui peut devenir ennuyeux. Tu es trop sur le même ton, dynamise ton propos », insiste Olivier.

Effectivement, je confonds le fait d'appuyer sur les mots avec les changements d'intention et de rythme. Je comprends et réessaye.

Quand je ralentis et reprends ma tendance narrative, Olivier me lance : « Vas-y ! »

Je dois rendre mes intentions plus claires. Ce qui se lit ne se perçoit pas de la même manière dans la narration orale. Nous simplifions le texte pour éviter toute confusion.

Jean-Louis vient s'asseoir au bureau ; il trouve toujours le texte trop long. Il veut des coupes. Si je l'écoutais, il ne resterait plus grand-chose.

Répéter autant de fois, recommencer mes déplacements sur la scène l'impatiente. Il veut sans arrêt que l'on progresse afin qu'il puisse donner sa réplique.

« Attends, ton tour va venir, dit Olivier à l'adresse de Jean-Louis. On avance à notre rythme. »

Nous sourions. Je reprends, Jean-Louis enchaîne, Olivier l'interrompt, le fait recommencer de nombreuses fois.

C'est le métier qui rentre…

La voix de Raymonde

VB — J'ai rendez-vous avec Raymonde Viret, ma professeure de chant. Souvent l'on me demande ce que je chante en ce moment, et ma réponse est : « Je ne chante pas, j'apprends à respirer et je fais des vocalises. »

Nous nous voyons presque toutes les semaines. Installée à son piano, elle commence les gammes, je vocalise - elle écoute, perçoit tout ce qui ne va pas. Je l'observe m'étudier ; elle sait parfaitement analyser ma voix.

En tant que mime, le corps est une sorte de carte d'identité qui me parle de celui ou de celle que j'ai en face de moi. Je sais quels muscles mobiliser, les enchaînements de positions à utiliser pour exprimer une séquence gestuelle.

Mais la respiration du mime n'est pas la respiration du chanteur. « Tu chantes à l'envers », m'a souvent dit Raymonde.

C'est par la bouche et non le nez que le chanteur inspire. À l'expiration de l'air, je ne dois surtout pas rétrécir ma cage thoracique mais au contraire la laisser « écartée », comme un rideau de théâtre qui s'ouvre pour que la pièce puisse se jouer, ici pour que le diaphragme puisse entrer en scène. Ce diaphragme dont je ne savais pas trop où il était, à quoi il servait, n'est pas un comparse mais bien l'acteur principal, sur lequel il faut « s'appuyer » continuellement.

Après les exercices de respiration et de vocalises, Raymonde me fait travailler mon texte.

Nous passons en revue chacune de mes répliques. La prononciation des « é » et des « è » m'est difficile, certaines liaisons manquent. Rien n'échappe à Raymonde, et mes origines picardes font que j'ai du mal avec certaines voyelles. Elle souligne les articles qui passent trop vite à la trappe, les mots que la ponctuation met en avant.

Un travail de dentelles qui me manquait et m'apporte plus de confiance en moi. Il ne faut pas non plus négliger les finales, les attaques de début de phrase, les montantes pour les points d'interrogation.

Nous échangeons sur l'importance de ces règles pour la compréhension du texte, pour les intentions qu'elles sous-tendent. Chaque article, chaque mot doit être audible.

J'avais appris avec ma première professeure de chant, Alice Ridel, l'importance d'appuyer sur les premières syllabes des mots. Il m'apparaît avec Raymonde qu'un texte doit se laisser tout entier entendre, que tout est essentiel.

Souvenirs familiaux

JLD — Lors de ces répétitions, je pense souvent à mes parents. Ils m'ont vu magistrat, député, ministre de l'Intérieur ; ils ne me verront pas comédien, eux qui aimaient tant le théâtre.

Mon père, en février 1936, a joué avec ma mère *Le Plus Heureux des trois* d'Eugène Labiche. Passionné de théâtre, ayant fondé avec des camarades une compagnie amateur, La Société des amis d'Eugène Labiche, lorsqu'il était jeune auditeur au Conseil d'État, il a longtemps rêvé de devenir acteur.

Dès qu'il y avait à l'affiche de la Comédie-Française ou d'un autre théâtre une pièce de Labiche, nous assistions en famille à la représentation et, à la fin du spectacle, nous allions dans les coulisses rencontrer les comédiens. Mon père leur reprochait parfois d'avoir escamoté telle ou telle réplique. Comme il connaissait la plupart des vaudevilles de l'auteur par cœur, il ne pouvait s'empêcher de faire ces remarques, ce qui me mettait mal à l'aise.

Il s'est aussi imaginé dramaturge et a écrit *Le Dictateur improvisé*, une comédie en quatre actes, achevée en avril 1936.

Elle met en scène, dans un curieux mélange de burlesque et de politique, un érudit retiré dans sa tour d'ivoire qui dénonce aussi bien le pouvoir personnel que le régime libéral corrompu dans lequel il vit.

Propulsé malgré lui par un concours de circonstances des plus rocambolesques à la tête d'une dictature, l'homme renonce à ses pouvoirs de despote et tente, en vain, d'instaurer un gouvernement « scientifique ». Un régime de raison qu'il oppose aux néfastes passions politiques, et qu'il définit ainsi : « La caractéristique même de ce gouvernement intelligent tel que je le rêve est qu'il ne se rattacherait à aucune forme connue de régime politique. Ce ne serait pas un gouvernement démocratique, mais le peuple serait consulté, donnerait son avis, connaîtrait son destin... Ce ne serait pas un gouvernement tyrannique. Mais il serait toujours dirigé par un homme puissant... Ce serait un gouvernement fort, mais juste et libéral. Ce serait un gouvernement de patriotes, non de nationalistes, un gouvernement doué d'un grand enthousiasme, mais aussi de beaucoup d'esprit critique, un gouvernement honnête enfin, mais, cependant, intelligent... Ce serait le gouvernement des sages. »

La pièce se termine sur une réplique désabusée du personnage principal qui se demande s'il est « possible qu'un gouvernement puisse être intelligent[1] ».

Cette comédie, il l'a proposée sans succès en mai 1936 au directeur du théâtre de l'Atelier, Charles Dullin.

Anecdotes croustillantes

JLD – À l'issue de ces répétitions, nous déjeunons souvent chez Angélique et Louis-Michel Colla. En cette fin d'été, avec ce soleil qui brille, nous retrouver sur la terrasse de leur appartement au-dessus du théâtre, après deux ou trois heures passées dans une quasi-obscurité, nous fait du bien : on se croirait en vacances.

1. Archives nationales, Michel Debré, 1DE38. Voir aussi les livres de Patrick Samuel, *Michel Debré : l'architecte du Général*, Perrin, 2022, et Jérôme Perrier, *Michel Debré*, Ellipses, 2010.

Moments conviviaux où nous apprécions les anecdotes que Louis-Michel nous distille avec gourmandise…

Celle de Maria Pacôme qui se produisait en soirée, pour ses adieux au théâtre de la Gaîté, en 2002. Ne sachant pas que Jean Piat était avant elle sur scène dans une comédie intitulée *Le Professeur*, elle entre inopinément sur le plateau en pleine représentation. Ayant aperçu de dos un monsieur qu'elle croit être un technicien, elle lui demande un cachet d'aspirine. Stupéfaction du public. Cette intrusion est d'autant plus imprévue que Jean Piat joue seul sur scène. Il se retourne surpris et s'écrie : « Rassurez-vous, ce n'est pas le fantôme de Maria Pacôme, c'est bien elle ! » Le public s'esclaffe et applaudit !

Ou un autre soir quand, avant de dîner, Belmondo demande à Louis-Michel de lui montrer sa chambre à coucher. Devant la porte, il lui suggère d'y apposer une plaque commémorative. Qu'y inscrire ? lui demande Louis-Michel. « Ici, à 18 ans, Jean-Paul Belmondo a baisé la directrice du théâtre ! », lui répond-il dans un grand éclat de rire.

Louis-Michel Colla est intarissable, tant son théâtre incarne une longue histoire qui a vu défiler de nombreux comédiens et comédiennes célèbres. Ainsi, en 2001, lors de la générale qui suivait la première d'Annie Girardot dans *Madame Marguerite* de Roberto Athayde, adapté par Jean-Loup Dabadie, au premier rang, il y avait Belmondo, Jean Rochefort, Jean-Pierre Marielle, Pierre Richard, Mireille Darc, Michel Serrault, Isabelle Adjani, Philippe Noiret, Francis Huster, Jacques Weber... On avait rarement vu autant de personnalités du théâtre ou du cinéma rassemblées au même cndroit.

De mon côté, et pour ne pas être en reste, je raconte quelques histoires de politique, en particulier celles de ces deux personnalités, Giscard et Chirac, lorsqu'elles siégeaient ensemble au Conseil constitutionnel.

Je me souviens de ce début de séance où Chirac s'est assis ostensiblement à la place de Giscard qui est en retard. Je lui en fais la remarque et, d'une voix forte, il me réplique, au moment même où Giscard arrive : « Tu vois, quand je m'assois sur ce siège, je sens l'intelligence monter en moi ! »

Il n'y avait pas que les deux anciens présidents qui s'affrontaient. Je me souviens d'un déjeuner après une séance où, avec sa faconde habituelle, l'ancien ministre Michel Charasse raconte les dix ans passés à l'Élysée avec François Mitterrand. À la fin de son récit, d'une voix pincée, Lionel Jospin, l'ancien Premier ministre socialiste, ajoute, dans un grand silence : « Je ne savais pas que Michel Charasse avait un collaborateur qui s'appelait Mitterrand. » Heureusement, nous en étions au café, car l'ambiance était plombée.

Satisfait ou remboursé !

VB — La production nous charge d'aller choisir nos costumes. Épreuve délicate, si l'on en croit la réplique que Jean-Louis a ajoutée dans le portrait des Boucicaut et qu'il prononce avec conviction : « C'est tellement ennuyeux de faire des courses. »

Nous voilà Au Bon Marché, clin d'œil à Marguerite Boucicaut. Nous sommes bien loin aujourd'hui du slogan de l'époque : « Tout à petit bénéfice et entièrement confiance ou satisfait ou remboursé ! ».

Pour Jean-Louis, un costume sombre, une chemise bleu ciel sans cravate. Quelques prises de mesures pour de petites retouches, et Jean-Louis a épuisé sa patience dans ce genre de lieu. Hélas, les salons de lecture créés par les Boucicaut pour faire patienter ces messieurs pendant que les femmes font leurs emplettes n'existent plus... Il m'abandonne au milieu des rayons, et je choisis seule ma tenue.

Pour Colette, j'ai retrouvé une lavallière et acheté un gilet d'homme. J'entrerai en scène avec une vieille valise en cuir, celle trouvée par ma mère dans une brocante et que j'avais utilisée pour mon diplôme de l'école Marceau. Lui redonner une utilité me met en joie. Mon arrivée avec cette valise m'a souvent valu les plaisanteries de notre producteur : « On dirait Linda de Suza et sa valise... »

Noémie, la costumière du théâtre de la Gaîté, a déniché dans les malles deux blouses blanches de chimie que nous porterons pour Marie et Pierre Curie.

« Je m'voyais déjà en haut de l'affiche »

JLD — Quand Valérie reçoit le message d'une amie passée place de la Bastille, où elle a aperçu l'affiche annonçant notre spectacle, elle fredonne la chanson de Charles Aznavour :

> Je m'voyais déjà en haut de l'affiche
> En dix fois plus gros que n'importe qui mon nom s'étalait…

Nous sommes sur le chemin du théâtre. Près de la tour Montparnasse, rue de l'Arrivée, nous la découvrons. Tels deux gamins excités, nous nous prenons longuement en photo devant une colonne Morris, devant des passants étonnés qui ne font pas le rapprochement avec nos portraits sur l'affiche, ce qui nous amuse.

Quel bonheur, de voir ainsi nos efforts couronnés, de n'avoir jamais été découragés malgré la pandémie et les confinements, et de poser devant l'affiche du spectacle sur ces colonnes mythiques qui ont porté tant de grands noms !

En coulisse

« Tous les matins je courais jusqu'à la colonne Morris pour voir les spectacles qu'elle annonçait. Rien n'était plus désintéressé et plus heureux que les rêves offerts à mon imagination par chaque pièce annoncée et qui étaient conditionnés à la fois par les images inséparables des mots qui en composaient le titre et aussi de la couleur des affiches encore humides et boursouflées de colle sur lesquelles il se détachait[1] », a écrit Marcel Proust.

1. Marcel Proust, *Du côté de chez Swann*, Grasset, 1913.

6

En scène au théâtre de la Gaîté

JLD — Le moment tant espéré et redouté arrive enfin, et avec lui angoisse et trac. Le rideau est tiré. Avec Valérie et la pianiste, nous attendons. Je fais les cent pas pour mieux épuiser mon impatience, ma nervosité, Valérie semble plus calme. De la salle, on entend le bruit qui monte.

« Rideau dans trois minutes », nous lance le régisseur en traversant la scène.

La pianiste est en place. Premières notes de musique, le rideau s'ouvre, j'entre en scène...

Première !

VB — Ce soir, c'est la première !

Dans la loge, quelques bouquets, des petits mots qui me font chaud au cœur. Je les accroche sur le miroir avec une photo de mes parents et moi enfant ainsi qu'une photo avec Jean-Louis au salon du livre de Nancy. Ils m'accompagneront tout au long de cette aventure à la Gaîté.

Mes amis de la ville de Palaiseau sont venus nous soutenir en groupe. La plupart m'ont découverte dans le spectacle sur Barbara monté par Catherine Le Cossec avec Isabelle Vajra. À eux, ce soir, se sont joints la comédienne-chanteuse Marie-Thérèse Orain, la chanteuse Simone Langlois et le pianiste Georges Cros.

Puis le grand saut, une heure et vingt-cinq minutes à « ressentir » la salle pour la première fois.

Jean-Louis entre sous des applaudissements chaleureux, le ton est donné. Quand j'arrive sur scène, ma « prière à la République » est aussi applaudie.

Le portrait de George Sand n'est pas encore suffisamment en bouche selon moi, mais heureusement, après Louise Michel, je ressens comme un second souffle qui me donne pleinement confiance. Quelques bafouillages de part et d'autre, mais le succès et les réactions du public sont enthousiastes.

Nous allons saluer et remercier le public à la sortie, pratique que Jean-Louis a décidé d'instaurer après chaque représentation. Nous avons la surprise de retrouver l'ancien ministre de la Culture Renaud Donnedieu de Vabres et la journaliste Julie Malaure. Nous rejoignons ensuite les amis et la famille au Bar des Théâtres où vin, assiettes de charcuterie et de fromage nous attendent pour fêter notre première !

Toute la production comme l'équipe du théâtre est heureuse, le public venu ce soir est unanime, la soirée est joyeuse. Certains spectateurs sont impressionnés de trouver un Jean-Louis accessible : ils ont droit à quelques anecdotes qui ne manquent pas de les faire rire. Deux d'entre eux ne sont pourtant pas du même bord politique, ils sont venus un peu à reculons et en repartent conquis.

« On doit l'avouer, nous avons hésité à venir, entend-on encore. On ne s'attendait pas à un spectacle aussi varié ». Nous comprenons que nous allons devoir régler un problème : faire comprendre qu'il ne s'agit pas d'une conférence avec des intermèdes musicaux ou lectures comme l'ont fait les quelques personnalités ou politiques qui se sont risqués à se produire sur scène.

J'entends la remarque d'une amie. La relation amoureuse entre George Sand et Chopin a été oubliée. C'est très juste et, dès le lendemain, non seulement je l'évoquerai, mais j'ajouterai celle avec l'illustre comédienne Marie Dorval ainsi que son dernier grand amour, le graveur Alexandre Manceau.

Demain, nouvelle représentation. Il nous faudra rester vigilants et conserver un bon rythme, éviter tout relâchement, fréquent pour une deuxième.

Prochaine épreuve : la générale de presse, prévue dans quelques jours, avec une salle de professionnels, de journalistes et de personnalités, un public réputé difficile qu'il va falloir conquérir, surprendre.

Ça n'arrive pas qu'aux autres

VB — Le trou de mémoire, redouté par tant de comédiens, surgit sans prévenir, lorsque vous l'attendez le moins. Nous n'y avons pas échappé.

Lorsque Jean-Louis aborde ce soir le portrait de Jeanne Chauvin, première femme avocate, au moment d'évoquer Camille Ducreux, secrétaire de la Conférence des avocats qui a tant critiqué l'arrivée des femmes au barreau, il oublie ma réplique. Il attend que j'aille chercher le pupitre pour qu'il puisse interpréter plusieurs parlementaires qui se sont succédé à la tribune de la Chambre des députés. Je reste impassible afin qu'il comprenne son erreur, et là, devant le public, il lance : « C'est le moment d'aller chercher le pupitre ! »

J'ai toujours appris qu'en cas d'accident, le spectacle doit continuer sans que le public s'en aperçoive. Difficile ici de faire autrement. Contrariée, je vais donc chercher le pupitre et Jean-Louis, comme si de rien n'était, commence à imiter un député de l'Aveyron. Ce n'est qu'à la fin de la représentation que je lui signalerai son oubli et lui rappellerai qu'il est préférable de ne jamais montrer aux spectateurs que quelque chose ne va pas.

Le lendemain, c'est à mon tour d'avoir un trou. Au milieu du portrait de Madeleine Brès, j'attends la réplique de Jean-Louis qui ne vient pas. En attendant, j'improvise et mime les deux diplômes de baccalauréats lettres et sciences qu'elle a obtenus pour justifier son inscription à l'université. Je les pose sur le bureau du doyen qu'interprète Jean-Louis et le regarde fixement. Soudain, je me rends compte que c'est moi qui ai oublié de lui donner la réplique. J'enchaîne comme si de rien n'était.

Après la représentation, nous en rions et je décide de garder cette petite pantomime qui a eu l'air d'amuser le public.

JLD — Pas de place pour la routine. Assurément, soir après soir, représentation après représentation, on acquiert une certaine confiance en soi. Mais il me faut me méfier. Et ne pas trop compter sur l'habitude, le réflexe. Un trou de mémoire est vite arrivé.

Comme lors de cette représentation où, après avoir évoqué Hubertine Auclert, et notamment son combat pour l'obtention du droit de vote pour les femmes, je ne sais plus où j'en suis, ce que j'ai à dire. Fractions de seconde angoissantes où je suis seul en scène. Le trou noir. Je regarde le public. Heureusement, le bruit de rotatives retentit et me sauve du naufrage. Je peux enchaîner avec Marguerite Durand, fondatrice du journal *La Fronde.*

Garde-à-vous, la générale arrive[1]

VB — Ce soir, nous jouons devant une salle comble venue découvrir Jean-Louis comédien. Ceux qui avaient pour intention de « casser du Debré » en prendront pour leur grade, car il ne cesse de surprendre dans son nouvel habit, et les critiques sont encourageantes.

Allongée sur le sol, je termine mon échauffement. Le metteur en scène me demande comment nous nous sentons.

Jean-Louis est très concentré, un peu nerveux. Je le sens stressé, mais il n'en laisse rien paraître. De mon côté, j'attends ce moment depuis longtemps et je ne vais pas bouder mon plaisir. Je sais que je n'aurai pas de deuxième chance. J'aime la scène où tant d'inconnus viennent vous voir. Le public ne demande qu'à être conquis, nous nous devons de ne pas le décevoir. Il n'a

1. 20 septembre 2021.

pas d'*a priori*. Et depuis que nous jouons, j'ai eu de très beaux témoignages d'anonymes, dont deux femmes qui m'ont particulièrement émue, même bouleversée.

J'ai oublié leur visage, pas leurs mots. L'une m'a dit : « Vous êtes formidable. Je ne comprends pas, je vais souvent au théâtre et je ne vous ai jamais vue, comment cela se fait-il ? » Et une autre : « Ne vous arrêtez pas là, je veux vous voir dans une autre pièce, vous me le promettez ? »

Ce soir, personne ne m'attend, tous sont là pour Jean-Louis. Je serai « la cerise sur le gâteau », et ce rôle m'amuse.

Nous sommes prêts. Exceptionnellement, pour cette générale, Eva, maquilleuse professionnelle, est venue avec toutes ses palettes de couleurs... Aucun détail n'est laissé au hasard.

Dans la loge, la visite amicale de Michel Drucker, puis celle de Marlène Schiappa, secrétaire d'État chargée de l'égalité entre les femmes et les hommes. Nous prenons des photos avec eux puis nous retrouvons seuls. Le silence, la concentration avant le lever de rideau. Nous montons sur le plateau dès 20 h 15.

Comme à son habitude, Jean-Louis s'impatiente, déjà dix minutes de retard puis vingt, puis trente, en tout près de cinquante minutes. Il fulmine, menace de ne pas jouer si on ne commence pas sur-le-champ. Il déteste que les gens à l'heure soient pénalisés par ceux en retard. Je l'approuve, mais cela ne sert à rien de s'emporter. Je m'éloigne, soucieuse de ne pas me laisser gagner par sa mauvaise humeur, et surtout de rester concentrée. J'écoute les murmures de la salle, très nombreux, signes normalement de bonne écoute et de réactivité.

« Rideau dans cinq minutes », indique enfin Yannick, le régisseur.

Jean-Louis se calme, se concentre à son tour. Je me place en coulisses derrière lui, la technicienne est prête à ouvrir le rideau après les vingt secondes de piano.

Il entre sur scène, sous les applaudissements. Le rythme est bon, la salle réagit merveilleusement bien jusqu'à la fin.

Aux saluts, une « standing ovation » spontanée, inattendue. C'est plutôt rare, pour une générale de presse.

Une réception nous attend dans le restaurant indien, à l'angle de la rue de la Gaîté.

À la sortie, Michel Drucker est l'un des premiers à nous féliciter. Il se dit impressionné et bluffé par la prestation de Jean-Louis qu'il a plusieurs fois reçu sur son canapé rouge, comme politique mais aussi comme auteur. Mais en tant que comédien, il ne s'attendait pas à une telle aisance. Celui qui sillonne la France avec son propre spectacle connaît la réalité du métier, l'importance d'une générale comme celle de ce soir.

JLD — Tous ces compliments qui ne sont, me semble-t-il, pas factices me touchent. Ils consacrent le défi que je me suis lancé en quittant volontairement la politique. Des semaines et des jours entiers de doute, de travail mais aussi de critiques que j'entendais ici ou là sur mon orientation professionnelle nouvelle. Certaines de ces critiques sont enfermées dans des réflexes politiques qui pour moi appartiennent au passé.

VB — Nous répondons aux interviews des journalistes, remercions les invités. Chacun veut discuter avec nous, mais il nous faut saluer tout le monde, nous partager.

Je me souviens du commentaire de cette amie : « Après ce spectacle, je ne pourrai plus te voir pareil », et de celui d'un ami s'exclamant : « Alors toi, mais tu es incroyable ! »

Le lendemain, un reportage de BFM débute ainsi : « La voix est posée, la gestuelle assurée, homme politique ou comédien, Jean-Louis Debré reste un tribun. Des salles de meeting aux planches, l'éloquence reste là et l'ancien ministre de l'Intérieur a réussi ce soir-là à conquérir un public averti. »

« Il n'aime pas qu'on lui dise : "Chapeau, monsieur le ministre", et donc je dis : "Chapeau, monsieur Debré !" », témoigne Hervé Vilard. Et Chantal Ladesou ajoute : « Il a toujours eu beaucoup d'humour, en fait, et j'ai retrouvé cela, c'est formidable et on apprend des choses. »

Le producteur nous transmet le tweet de Marlène Schiappa, secrétaire d'État :« Hier soir à la générale de la pièce "Ces femmes qui ont réveillé la France", au théâtre de la Gaîté-Montparnasse par un duo exceptionnel : Jean-Louis Debré et Valérie Bochenek ! Quelle joie de voyager avec eux dans la vie de ces femmes entre politique, arts, histoire et féminisme. »

JLD — Au moins, Marlène Schiappa a fait l'effort de venir, à la différence de l'une de ses collègues du gouvernement qui annoncera à quatre reprises sa présence et son souhait de dîner avec nous après la représentation. Chaque fois elle se décommandera quelques heures avant le début du spectacle, sans jamais s'excuser.

Venez nous voir

VB — Comme tous les soirs, j'arrive en avance à la Gaîté, je salue l'équipe du Bar des Théâtres, à l'accueil je retrouve Samia, ou Sergine, demande où en sont les réservations. Une femme à l'entrée du théâtre regarde attentivement la programmation des spectacles. Elle semble hésiter. Je décide de l'aborder : « Vous cherchez un spectacle en particulier ?

— Non, me répond-elle. Mais je ne voudrais pas me tromper. Cela fait plus d'un an et demi que je ne suis pas revenue au théâtre, vous savez, avec la Covid... »

Elle s'arrête devant notre affiche, les photos du spectacle et la critique du *Point*. La journaliste Julie Malaure résume, en quelques lignes, toutes les raisons d'apprécier notre spectacle et termine ainsi : « Les femmes avancent comme des brise-glace dans la banquise masculine. Bochenek et Debré invitent à réfléchir sur les ruptures d'égalité, toujours bien vivaces, et à poursuivre le mouvement. Un spectacle d'utilité publique ».

Elle lit, hésite, semble dubitative.

« Vous connaissez ?
— Oui, l'homme politique, Jean-Louis Debré. »
Elle ajoute : « Que vient-il faire au théâtre ?
— Il joue dans cette pièce. »

Je lui demande si elle apprécie le piano, car il y a vingt minutes de récital, si elle aime l'histoire, l'humour, le chant… car il y a tout cela, dans ce spectacle.

C'est alors qu'elle fait le rapprochement entre la photo de l'affiche et moi :

« Ah c'est vous ?!
— Venez nous voir, vous ne serez pas déçue. On se retrouvera à la fin du spectacle, vous pourrez me dire ce que vous en avez pensé.
— Bon, je vous fais confiance, alors ! », ajoute-t-elle.

Elle achète une place. Après la représentation, elle s'approche de moi et je la questionne : « Alors ? »

Tout sourire, elle me répond : « Vous avez bien fait, je suis contente d'être revenue au théâtre avec votre pièce, merci ! »

JLD — Il m'est toujours indispensable, avant d'entrer en scène, de me concentrer, de rester seul, pour tenter de conjurer le trac qui m'envahit dans les minutes qui précèdent le lever de rideau. Je ne sais comment font ces acteurs qui ne l'ont pas avant de jouer. Je ne suis pas un professionnel, il est vrai, mais un apprenti comédien. Un quart d'heure avant le début du spectacle, je suis sur le plateau, je marche de long en large, j'écoute la rumeur qui monte de la salle, j'essaye de saisir l'ambiance qui règne dans le public, je tente de percevoir son attente.

Et le rideau se lève, je respire fort.

Le moment le plus particulier pour moi est celui où je revêts ma robe de magistrat à l'occasion du procès de Louise Michel. Je revois ces extraordinaires épisodes de ma propre vie, d'abord comme substitut du procureur de la République au tribunal de grande instance d'Évry et notamment quand j'avais requis aux assises de l'Essonne dans une dramatique affaire de meurtre d'un enfant. Je n'oublie pas mes passionnantes années en tant que juge d'instruction à Paris ni ces « personnages » peu recommandables que j'ai longuement interrogés.

Rencontres

JLD — À la fin de la représentation, quel réconfort que ces applaudissements qui jaillissent, ces spectateurs qui se lèvent pour nous témoigner leur satisfaction ! Après le spectacle, nous nous tenons à la sortie pour remercier le public, nous entretenir avec lui. Moments particuliers, où nous recueillons des impressions, occasions de rencontres imprévues.

Ainsi, devant un groupe d'infirmières de l'hôpital Ambroise-Paré, je raconte l'histoire de ma grand-mère, Jeanne Debat-Ponsan (1879-1929) qui, en 1906, devient l'une des trois premières femmes internes des hôpitaux. Elle est de la même promotion d'internat que Robert Debré, mon grand-père, qu'elle épouse le 4 août 1908. Par la suite, elle est la première femme cheffe de clinique. Je ne l'ai pas connue, mais ce soir-là, j'ai l'impression d'être à ses côtés, de la tenir par la main et de lui rendre hommage.

Jeanne est la fille aînée du peintre Édouard Debat-Ponsan qui s'est illustré, dans la salle du conseil municipal de Toulouse, par la réalisation d'une grande toile représentant la rencontre, en 1647, entre Molière et le poète occitan Pierre Goudouli et des fresques au Capitole de la même ville, notamment dans la salle des Illustres sur le thème de l'allégorie des arts. Il est surtout devenu célèbre avec *Nec Mergitur ou la Vérité sortant du puits* qui fut acheté par les amis d'Émile Zola pour lui offrir après son « J'accuse », publié dans *L'Aurore* le 13 janvier 1898.

*

Un soir, à la sortie du théâtre de la Gaîté, une jeune femme s'approche de moi et me demande :

« Vous me reconnaissez ? » Avant d'ajouter : « Je ne porte plus le voile. »

Je n'ai pas oublié notre rencontre lors d'une conférence à la faculté de droit de Saint-Ouen, dans la banlieue parisienne. Invité par des étudiants à présenter le Conseil constitutionnel – j'en suis à l'époque le président –, j'entre dans l'amphithéâtre. Au premier rang, trois étudiantes voilées. J'indique alors qu'il est hors de question pour moi, dans ces conditions, de m'exprimer. Deux d'entre elles sortent. La troisième l'ôte. À l'issue de mon exposé et avant de partir, je donne mon mail, pour ceux qui souhaitent plus d'informations sur le Conseil.

Plusieurs jours plus tard, je reçois ce message : « Monsieur, pourriez-vous discuter avec mes parents pour leur expliquer votre position sur le port du voile. J'étais à la faculté de Saint-Ouen... »

J'invite cette jeune étudiante avec ses parents à déjeuner au Conseil. Je peux alors expliquer pourquoi, dans un État laïc, dans un lieu public, à la faculté, je suis hostile à toute manifestation religieuse. La laïcité est la clef de voûte de notre

République. J'évoque les propos de Nafissa Sid Cara, la première femme musulmane membre d'un gouvernement de la République. C'était en 1959. S'adressant notamment à ses sœurs algériennes en France, elle les incitait à ne plus revêtir le voile et leur rappelait : « Qu'elles n'oublient pas qu'aujourd'hui de nouveau les musulmanes d'Algérie manifestent tête nue pour leur liberté politique et culturelle au péril de leur vie. »

J'explique surtout la décision du Conseil constitutionnel du 7 octobre 2010, validant la loi qui interdit la dissimulation du visage dans l'espace public. Les femmes cachant leur visage, volontairement ou non, se trouvent dans une situation d'exclusion et d'infériorité incompatible avec les principes constitutionnels de liberté et d'égalité. La loi garantit à la femme, dans tous les domaines, des droits égaux à ceux de l'homme.

Un certain temps après, je reçois ce nouveau message : « Merci, monsieur, mes parents ne m'imposent plus de porter le voile… » Cela ne s'oublie pas. Et quel plaisir de revoir, ce soir, cette jeune femme entourée de sa famille !

Quelle récompense aussi pour nous, quand des parents nous confient venir pour la deuxième fois assister à notre spectacle, mais cette fois avec leurs enfants. De même lorsque des étudiants ou élèves d'établissements scolaires, dont ceux d'un lycée de Saint-Tropez en visite à Paris, s'attardent pour discuter avec nous après le spectacle. Toutes ces rencontres sont pour nous autant de moments inoubliables. L'occasion de rappeler que le combat pour l'égalité, celui de ces héroïnes dont nous racontons l'histoire, passe par l'éducation, la formation, le droit d'apprendre pour tous, sans distinction d'origine sociale ou de sexe.

Sous la Révolution française, la Convention projette de rendre l'école obligatoire et gratuite. Cette idée est développée par Condorcet dans son « Rapport et projet de décret sur l'organisation générale de l'instruction publique » (1792). Il prône un système d'enseignement laïc, ainsi que l'égalité entre filles et garçons. Mais pour y arriver, le combat sera long et difficile. Celui de Julie-Victoire Daubié pour acquérir la possibilité, comme les garçons, de passer les épreuves du baccalauréat et d'entamer des études supérieures est significatif de tous les obstacles à contourner et des oppositions à vaincre.

Je pense souvent à mon père qui, en 1945, en donnant aux femmes l'accès à l'École nationale d'administration, leur a permis de faire carrière dans la haute fonction publique dont elles avaient été exclues jusqu'à la Libération. Et à sa décision, comme ministre de la Défense, en 1970, de leur ouvrir l'école Polytechnique après leur avoir donné accès aux carrières d'officiers généraux dans les forces armées. Une vraie révolution. Et quelle satisfaction pour lui lorsque, en 1972, Anne Chopinet fut reçue major au concours d'entrée de cette prestigieuse école.

Je me souviens du soir où plusieurs membres de la famille Daubié ont assisté au spectacle au cours duquel nous évoquons leur ancêtre Julie-Victoire. Mais aussi de nombre de juristes, de notaires et d'avocats ravis d'entendre l'histoire de leur consœur Jeanne Chauvin, de la présence de membres de l'association « ONU Femmes France » qui milite pour le droit des femmes à l'égalité...

Le dîner est avancé

JLD – Notre producteur nous annonce que ce soir dans la salle il y a Marie Myriam. Il m'apparaît vite que je suis le seul à qui ce nom n'évoque rien. Discrètement j'interroge Valérie : « Qui est cette Marie Myriam dont vous parlez tous avec des trémolos dans la voix ?

– Tu ne la connais pas ? », me réplique-t-elle, stupéfaite.

Je me défends comme je peux, avec l'impression d'être sur le banc des accusés : « Non je ne sais pas. Qui est-ce ?

– Marie Myriam est la dernière chanteuse française à avoir remporté le concours de l'Eurovision. C'était, me précise Valérie, incollable sur l'histoire de la musique, en 1977 avec une chanson magnifique intitulée « L'oiseau et l'enfant ». Et elle fredonne :

> Comme un enfant aux yeux de lumière
> Qui voit passer au loin les oiseaux
> Comme l'oiseau bleu survolant la Terre
> Vois comme le monde, le monde est beau

En regagnant ma loge afin de me préparer et prouver que mon ignorance dans ce domaine n'est pas totale, j'entonne quant à moi les paroles chantées par Jeanne Moreau :

> J'ai la mémoire qui flanche
> J'me souviens plus très bien
> Quel pouvait être son prénom
> Et quel était son nom

VB — Nous sommes en coulisses, prêts à entrer en scène. Yannick, le régisseur, aurait déjà dû passer nous avertir du début de la représentation. Pas de murmures dans la salle, je vérifie discrètement. Aucun spectateur. Que se passe-t-il ? La vidéo ne fonctionne pas ! Rien n'y fait. Les minutes paraissent bien longues. Finalement, notre producteur et la direction du théâtre décident d'annuler la représentation de ce soir. Nous rejoignons les spectateurs qui attendent à l'entrée du théâtre pour leur annoncer la nouvelle. Ils sont comme nous contrariés, mais le fait de nous voir et d'échanger pendant une bonne demi-heure atténue leur déception. D'autant qu'ils pourront revenir à la date de leur choix et seront surclassés. Aucun ne demandera le remboursement. Marie Myriam ne verra donc pas ce soir le spectacle, mais dînera avec nous plus tôt que prévu !

Demandez *Le Parisien*

VB — Bel article de Sylvain Merle sur Internet. Il s'intéresse non au politique Jean-Louis Debré, mais à l'homme confronté à ce nouveau défi qui consiste à monter sur les planches. Il retrace avec justesse notre façon de vivre cette aventure théâtrale et rapporte cette anecdote où je raconte avec amusement que Jean-Louis n'est pas toujours facile en répétition, qu'il préfère improviser plutôt que de suivre les recommandations qui lui sont prodiguées. Jean-Louis fait la moue, puis admet que ce n'est pas faux.

Il est vrai, dis-je, « qu'il avait peur de perdre en spontanéité en répétant. Alors que chaque soir il est de plus en plus fidèle au texte, ce qui ne l'empêche pas d'improviser, mais dans un "cadre à respecter" ». Tout un apprentissage...

Nous évoquons nos habitudes : notre arrivée vers 18 heures, Jean-Louis s'allongeant une vingtaine de minutes tandis que je m'échauffe et reprends avec la pianiste les parties chantées et slamées. Ensuite, « je vais sur le plateau, seul, précise Jean-Louis. Assis au bureau, j'écoute, je répète un peu, mais je ne veux personne, aucun contact ».

Le journaliste décrit mon rituel dans la loge, ce passage de la ville à la scène, la métamorphose par le maquillage. Quand je rejoins Jean-Louis sur le plateau, il est assis alors que moi « je bouge, je suis un lion en cage ». Il regarde par le trou dans le rideau, il aime écouter, entendre la rumeur monter.

Jean-Louis s'est livré un peu plus qu'à l'accoutumée. Je suis contente de retrouver dans l'article ma propre confidence : « On me dit comédienne, mais ça fait presque vingt ans que j'attends d'avoir un vrai texte à défendre. Ce projet, c'est vivre ensemble ce même rêve, lui de monter sur scène, moi d'y remonter. »

Vivement dimanche !

JLD — Il y a un avant et un après Michel Drucker, tout le monde s'entend sur l'efficacité d'un passage sur le fameux canapé rouge.

Au début, Valérie n'était pas prévue sur le plateau de « Vivement dimanche », c'est sur l'insistance de notre attaché de presse qu'elle y participe.

VB — Nous descendons les marches du studio Gabriel sur les pas de tant d'artistes. Je salue Marie-Anne Chazel, la fameuse Zézette dans *Le Père Noël est une ordure*, venue présenter sa dernière pièce, *La Famille et le Potager*, où elle joue avec Régis Laspalès. Elle a entendu parler du succès de notre pièce et nous félicite. Plusieurs émissions sont enregistrées : je croise le mentaliste avec sa moustache en guidon dont je ne me souviens plus du nom. Je vais m'asseoir sur le fameux canapé rouge, après avoir regardé si souvent l'émission avec mes parents lors de mes week-ends en Picardie.

Je rejoins Jean-Louis en loges, puis l'on vient nous chercher. Le générique retentit, nous sommes debout derrière le mur lumineux qui s'ouvre, le top pour notre entrée est lancé. Comme dans une arène, nous surgissons, Michel Drucker a la gentillesse de venir nous accueillir, nous nous installons sur le canapé rouge. Il mène la danse, les premières images de la pièce, les présentations : « Valérie Bochenek, qui a travaillé avec le mime Marceau. » « Quelques questions : vous venez d'une petite ville de la Somme, Péronne ? », je pense à mes parents derrière l'écran, je les imagine heureux et fiers en entendant le nom de cette ville où ils habitent toujours. Leur fille chez Michel Drucker : un petit pas vers une consécration pour celle qui était partie faire du théâtre à Paris après le fameux « Passe ton bac d'abord ».

Je réponds brièvement, Michel Drucker nous remercie et nous souhaite un bon spectacle car nous sommes attendus. Il est 18 h 20 et nous jouons à 19 heures.

L'émission est diffusée. Dès le mercredi qui suit, son impact est significatif ! 600 000 personnes l'ont regardée et le taux de réservation ne cesse d'augmenter pour les prochaines semaines.

Le spectacle est dans la salle

VB — Les réactions du public sont souvent différentes d'une soirée à l'autre. Et certains moments sont pour le moins inattendus, où nous frôlons la catastrophe.

Le ronfleur

VB — Ce soir-là, je m'apprête à rejoindre le centre du plateau dans le rôle de Marie Curie quand je perçois comme un petit sifflement qui très vite se transforme en un ronflement lourd et appuyé. Pour l'instant, les spectateurs du premier rang font comme s'ils n'avaient rien entendu, mais cela ne va pas durer.

J'ai identifié le ronfleur, à l'orchestre, sur la droite, au milieu d'une rangée. Il faut que je trouve une solution, sinon mon interprétation risque d'en pâtir. Le texte ne me permet pas d'improviser, que faire ?

D'instinct, je m'interromps et, telle une danseuse de flamenco, j'exécute un jeu de claquement de pieds sur le sol, une sorte de « *zapateado* » censé répondre aux ronflements de mon imposant dormeur. Gagné ! Les spectateurs du premier rang ont compris. Ils sourient tandis que l'importun se réveille dans un sursaut. Je le regarde, son buste et sa tête se sont redressés, il amorce un regard vers la scène puis retombe un peu plus en avant sur le dossier du siège devant lui, mais cette fois pour se rendormir en silence. Je reprends comme si de rien n'était.

Un peu plus loin dans le spectacle, à mon retour sur scène dans le personnage de Colette, je glisse, entre les mots de ma réplique inspirée d'une chanson de Barbara : « Ah, le silence des théâtres, les murmures… les ronflements, vous me manquez ! » Et le public de rire à gorge déployée de mon improvisation.

Après les saluts, un homme imposant par sa carrure et sa corpulence hors normes se rapproche de nous. Je reconnais le ronfleur, comment va-t-il réagir ? Contre toute attente, il nous salue aimablement et nous félicite : « C'était remarquable ! », s'exclame-t-il. Quel compliment de la part de quelqu'un qui a dormi une grande partie de la soirée !

Dans les loges, je fais sourire toute l'équipe avec cette histoire et Louis-Michel Colla nous raconte qu'un soir Françoise Sagan s'était endormie d'ennui dès le début d'une représentation pour ne se réveiller qu'à la fin, au moment des applaudissements. Et Sagan de se rendre dans les loges pour adresser à la comédienne qui venait de jouer ce compliment : « Chère amie, vous m'avez fait rêver ! »

Scène de ménage

JLD — Un soir, un tout autre incident menace de perturber le bon déroulement de la représentation. À mi-spectacle, j'entends du bruit dans le fond de la salle. Suivi, peu après, d'éclats de voix. J'essaye de comprendre ce qu'il se passe. S'agit-il d'un mouvement de contestation provenant d'un militant politique ? Quelle erreur avons-nous commise, pour déclencher une telle manifestation de réprobation ? Nous continuons à jouer comme si de rien n'était.

Le calme semble revenu quand un cri puis un remue-ménage nous parviennent des derniers rangs. J'entrevois même une personne qui se lève et sort.

À la fin du spectacle, je scrute les derniers rangs, impatient de savoir le fin mot de l'histoire. J'apprends alors qu'il s'agissait d'une scène de ménage ! Une ouvreuse a dû intervenir pour ordonner au couple de quitter les lieux, les spectateurs se plaignant du désordre occasionné.

Plus de peur que de mal

VB — J'arrive au théâtre avec des béquilles sous le regard surpris de l'équipe. Une chute malencontreuse survenue ce matin m'a obligée à rester allongée toute la journée. Le simple fait de poser le pied me provoque une vive douleur. Comment vais-je pouvoir jouer ce soir ?

La légende veut que, sur scène, le comédien ne ressente pas de douleur physique en cas d'accident. Ainsi, Tsilla Chelton, la fameuse *Tatie Danielle* d'Étienne Chatiliez au cinéma mais surtout la magistrale interprète des *Chaises* de Ionesco, s'était plantée la pointe d'un parapluie dans le pied en pleine représentation et avait continué à jouer.

Le rideau s'ouvre, Jean-Louis entre en scène mais ses premiers mots ne sortent pas bien, il est presque aphone. Il vient de boire un verre d'eau glacé, ce qu'il ne faut jamais faire. Le public s'en aperçoit, l'écoute n'en est que plus attentive.

Les spectateurs de ce soir n'ont vraiment pas de chance : Jean-Louis enroué et moi éclopée.

La douleur reste vive, je limite mes déplacements, prends appui sur les éléments de décor. J'interprète Louise Michel en boitant, comme si elle avait été brutalisée.

Heureusement, progressivement, Jean-Louis retrouve sa voix.

Nous terminons la représentation, satisfaits d'avoir pu jouer dans ces conditions délicates.

Quand nous discutons avec les spectateurs à la sortie, ils sont heureux, ont perçu qu'au début il se passait quelque chose mais que très vite le spectacle avait pris le dessus.

Et étrangement, le lendemain à mon réveil, la douleur s'est envolée : plus de peur que de mal.

« Que jamais ne revienne le temps du sang et de la haine »

VB — À la fin du spectacle, ce 24 novembre, je m'adresse directement au public : « Aujourd'hui est l'anniversaire de la disparition de Barbara et je voulais vous offrir "Göttingen", sa chanson d'amour, de fraternité, ce plaidoyer pour l'amitié franco-allemande et la paix entre les nations, pour "que jamais ne revienne le temps du sang et de la haine" :

> Et tant pis pour ceux qui s'étonnent
> et que les autres me pardonnent
> Mais les enfants, ce sont les mêmes
> à Paris ou à Göttingen »

Je revois ce 24 novembre 1997 où Marcel Marceau rendait hommage à Barbara à l'Espace Cardin. Ils avaient partagé après guerre la petite scène du cabaret L'Écluse.

C'est la première fois que je chante "Göttingen" en entier, mais pas la première fois que j'alterne deux strophes en français et en allemand. J'avais chanté en duo avec Isabelle Vajra et avec Simone Langlois pour ses adieux à la scène au théâtre Dejazet, accompagné par Georges Cros au piano et Roland Romanelli, l'accordéoniste de Barbara pendant de nombreuses années. En sortant de scène, il m'avait félicitée. J'en étais heureuse.

Chanter dans les deux langues ne s'était jamais fait auparavant. Barbara avait enregistré tout un disque en allemand, en le travaillant phonétiquement avec Marie Chaix, qui deviendra sa secrétaire personnelle.

Je chante et termine avec cette gestuelle qu'elle affectionnait tant, le bras tendu vers le ciel, avec cette main qu'en mime nous appelons la main de l'identification : Dieu donnant la vie à Abraham, inspirée de la fresque peinte par Michel-Ange sur le plafond de la chapelle Sixtine.

Mon interprétation plaît et désormais, chaque soir, je chanterai un extrait de "Göttingen".

Belle surprise

VB — « Formidable, j'ai appris plein de choses, il faudrait en faire un film ! », s'exclame Claude Lelouch en nous saluant. Valérie Perrin, dont j'admire le talent littéraire, a tenu sa promesse. Elle est venue, accompagnée du cinéaste dont les films ont bercé mon adolescence. Je lui dis toute mon admiration. Il fait partie de ces réalisateurs qui m'ont fait prendre conscience de l'importance de la musique dans un film. J'ai aussi à l'esprit cette leçon magistrale du film *Itinéraire d'un enfant gâté*, où Jean-Paul Belmondo apprend à Richard Anconina comment ne pas être étonné dans la vie pour réussir.

Et c'est justement à cette séquence que j'ai pensé le jour où Tom Cruise, en repérage pour son film *Mission impossible*, est entré dans mon atelier bijoux rue de Nevers avec ses lunettes d'aviateur, son tee-shirt à manches courtes et son jean. Le Tom Cruise de *Top Gun* que je venais de revoir à la télévision, quelques jours auparavant. Il regardait les bijoux dans les vitrines. Se demandait-il pourquoi je restais impassible quand toutes les femmes faisaient habituellement « Ouah » ? Ne l'avais-je pas reconnu ?

Il retira ses lunettes d'aviateur, me fit son plus beau sourire (celui de la scène où Maverick explique avoir fait à 4G un piqué avec un MiG-28 devant la belle instructrice). Toujours impassible, je songeais à la scène d'*Itinéraire d'un enfant gâté*.

Voilà ce qui me traverse l'esprit mais que je n'avoue pas à Claude Lelouch quand il nous félicite pour notre spectacle et trouve que ces femmes feraient un sujet de film magnifique.

Couple présidentiel

JLD — L'ambiance dans la salle n'est pas tout à fait comme d'habitude. On perçoit de la scène que des spectateurs ont repéré la présence de François Hollande et Julie Gayet et tournent leurs regards, de temps à autre, dans leur direction. Aux moments des saluts, je remarque que certains dans le public observent l'ancien président pour savoir s'il applaudit lui aussi.

Après la représentation, nous dînons ensemble à L'Opportun, en compagnie d'Olivier Kaefer, Olivier Macé et Louis-Michel Colla.

François Hollande est détendu, sympathique, chaleureux. « Tu es un bon comédien », me dit-il, avant d'ajouter en souriant : « Je n'en doutais pas ! » Il félicite aussi Valérie pour ses talents d'interprète.

Nos relations n'ont pas toujours été faciles. Alors premier secrétaire du Parti socialiste, quelques mois après mon arrivée à la présidence de l'Assemblée, il fit une déclaration publique très critique sur ma manière de diriger les débats dans l'hémicycle, qu'il jugeait sectaire, alors qu'au contraire je m'employais, à la différence de quelques-uns de mes prédécesseurs, notamment socialistes, à être le plus respectueux possible des droits de l'opposition. Pour ce faire, j'avais modifié le fonctionnement des séances des questions d'actualité pour lui donner la possibilité de s'exprimer au même titre que la majorité. J'avais aussi réformé le règlement pour faire en sorte qu'elle ait un rôle plus important au sein des commissions... J'entretenais d'ailleurs de bonnes relations avec toute l'opposition et en particulier avec Jean-Marc Ayrault, président du groupe socialiste à l'Assemblée.

Je fus d'autant plus irrité par cette déclaration que Hollande ne brillait pas par son assiduité dans nos débats. Par l'intermédiaire d'Ayrault, je lui fis savoir que j'étais mécontent de ses propos et que je me faisais une autre idée de son honnêteté politique. Quelques jours plus tard, à la sortie d'une séance de questions d'actualité, il était venu s'excuser.

Depuis lors, nos relations sont toujours demeurées franches et devenues cordiales.

J'apprécie son humour, parfois inattendu et souvent corrosif. Pour lui, et ils ne sont pas légion en politique, « l'humour fait partie de ce qui nous permet d'être à hauteur d'homme ou de femme, c'est-à-dire d'être capable de résister et de combattre l'adversité. Les fanatiques n'ont pas d'humour[1] ».

Il m'avait fait rire, quand, saluant son ancienne ministre de la Justice, Christiane Taubira, il avait publiquement précisé : « Sa voix peut porter, même quand elle ne dit rien ! »

Au cours de ce dîner, je l'interroge sur l'actualité politique. Il n'est pas spécialement aimable envers son successeur. Il avoue avoir tardé à s'apercevoir, alors qu'il avait fait de lui un secrétaire général adjoint de l'Élysée puis un ministre, que Macron se préparait à trahir sa confiance. Il juge avec grande sévérité son action politique et son « en même temps ». Il ne rate jamais une occasion de critiquer son action.

1. Remise du Grand Prix de l'humour politique, 28 novembre 2017.

L'humour acerbe est pour lui le plus sûr moyen de le dénigrer. N'a-t-il pas déclaré en 2018 à son propos : « Moi, j'ai voulu être un président à la hauteur et pas hautain. » Et à la question qui lui a été posée : « Macron est-il le président des riches ? », il répondit : « Non, des très riches. » Quand un journaliste lui demande pourquoi Macron consulte plus Sarkozy que lui, il commente de façon cinglante : « C'est sans doute plus facile de consulter son lointain prédécesseur que son ancien employeur. »

Concernant certains députés socialistes, « les frondeurs » qui ont pour le moins chahuté son quinquennat et contribué à le saccager, il n'a pas de mots assez durs pour condamner leur comportement politique en le qualifiant d'irresponsable.

Julie Gayet dit à Valérie combien elle a apprécié sa présence en scène et nous invite, le 10 janvier 2022, dans le cadre de la Fondation des femmes, au concours d'éloquence pour dénoncer le sexisme par le verbe sur la scène du célèbre et prestigieux théâtre de l'Odéon. Nous présenterons, en prélude, le portrait de Jeanne Chauvin, première femme avocate, l'une des héroïnes de notre spectacle.

L'Entracte Gaîté

JLD — Ce soir, le spectacle continue de la scène au bistrot L'Entracte Gaîté. Après la représentation, nous nous retrouvons pour fêter la fin d'année.

Au menu, un plateau de fruits de mer apporté par Olivier Kaefer. La soirée est festive et décontractée.

Nous devions nous produire à la Gaîté pour trente représentations, nous avons été prolongés jusqu'à fin décembre et désormais nous poursuivons jusqu'à fin mars – quelque sept mois où nous allons rester à l'affiche de ce grand théâtre parisien, bonheur.

Je retrouve l'ambiance que j'ai connue avec les collaborateurs du RPR, les militants et compagnons gaullistes, cette fraternité politique qui nous rassemblait autour d'une bonne bière ou d'un repas, que ce soit à Paris ou en province.

Coup de théâtre

VB — Après quelques jours passés dans le bassin d'Arcachon, nous sommes impatients de remonter sur scène. C'est alors qu'Olivier Kaefer me prévient que la pianiste se retire, sans préavis.

Nous sommes le 5 janvier et notre retour à la Gaîté est prévu pour la semaine prochaine. Cette décision soudaine risque de compromettre la suite du spectacle et nous met dans une situation impossible. Le remplaçant qu'elle nous propose n'est pas libre le jour de la reprise ! Je lui adresse un SMS puis un message vocal. Elle ne me rappellera jamais.

Surgit un autre problème, cette fois au théâtre : les techniciens n'arrivent pas à réaliser à temps le changement de décor pour la nouvelle pièce, *L'Embarras du choix*, programmée après la nôtre. Ils envisagent d'annuler notre reprise.

« Cela commence à faire beaucoup », me dit le producteur.

Heureusement, des solutions sont trouvées, la reprise des représentations est repoussée d'une semaine. Quand j'évoque avec Jean-Louis l'attitude de la pianiste, il n'est pas particulièrement étonné, il n'a jamais eu le sentiment qu'elle s'investissait vraiment dans notre aventure théâtrale.

En ce qui concerne son remplacement, après audition, sont retenus en alternance trois artistes. Nathalie Miravette, l'accompagnatrice d'Anne Sylvestre, qui a déjà joué au théâtre de la Gaîté-Montparnasse dans *Duel*. Catherine Cournot, pianiste soliste à l'orchestre philharmonique de Radio France, et Christophe Dies, pianiste professionnel. Ainsi, nous pourrons parer à tout départ imprévu !

Non merci

JLD — Coup de téléphone de Valérie Pécresse. Dans le cadre de sa campagne présidentielle, elle m'invite à assister à une réunion de travail avec d'anciens ministres. Cette dernière sera naturellement médiatisée.

Je lui réponds : « On ne fait pas du neuf avec de vieilles charrues.
— Ta modestie t'honore. »

J'ai de la sympathie pour elle. Je l'ai connue lorsqu'elle était membre du cabinet de Chirac. Et lui suis très reconnaissant d'être venue nous voir au théâtre. Aujourd'hui j'ai refermé mon chapitre politique et ne compte pas le rouvrir.

Je n'ai pas l'intention d'aller au-delà de ma fonction de citoyen républicain.

Éligible aux Molières

VB — Notre spectacle est éligible aux Molières 2022. Nous nous imaginons déjà couronnés, reconnus par la profession... Mais rapidement, des amis du spectacle nous recommandent de ne surtout pas nous faire d'illusions. Selon plusieurs d'entre eux, Jean-Louis n'est pas assez anarchiste, ni assez gauchiste ni même de gauche, quoique ! De mon côté, je n'ai pas d'engagement partisan.

Nous n'avons donc aucune chance d'être primés, mais nous ne boudons pas pour autant notre plaisir !

Coup de froid

JLD — Le 8 mars 2022, pour la journée de la Femme, exceptionnellement, nous désertons un soir la Gaîté-Montparnasse pour le théâtre des

Hauts-de-Seine dans la ville de Puteaux, où tout avait commencé par notre conférence musicale sur les femmes. Joëlle Ceccaldi-Raynaud, maire de la commune, a tenu à accueillir la version théâtrale de notre pièce.

Notre présentation est précédée de la remise de la Marianne d'Or à la municipalité, organisée par Alain Trampoglieri.

À cette soirée s'est associée la société Picard, pour le premier rassemblement de leurs équipes depuis la Covid.

Le théâtre n'a pas été chauffé depuis un certain temps. Il y fait un froid polaire.

À Valérie et aux techniciens qui s'en plaignent je fais remarquer que cela est assez normal, nous nous produisons notamment pour une entreprise de produits surgelés ! Mon « humour » ne les réchauffe pas.

Tout est glacial, sauf les réactions chaleureuses du public, dont une partie de l'équipe de Picard, habituée à travailler dans le froid !

Après la représentation, nous nous retrouvons tous dans une salle d'école à proximité du théâtre. Réception autour des fabrications maison, naturellement décongelées, en présence de la P-DG Cathy Collart-Geiger.

Plusieurs questions nous sont posées sur Hubertine Auclert et son combat, notamment dans la fin des années 1890, en vue de la féminisation de notre langue. Elle fut en ce domaine une pionnière. Il aura fallu attendre plus d'un siècle pour que l'Académie française reconnaisse, le 28 février 2019, le principe de la féminisation des noms de métiers, de fonctions, de titres et de grades.

Une de mes interlocutrices précise : « Cela montre qu'il faut toujours se battre et ne jamais rien céder... » d'un ton provocateur à mon égard. Elle s'adresse plus au politique que j'ai été qu'au comédien, c'est évident.

Vive le machisme

VB — Quelques jours après la journée de la Femme, notre attaché de presse nous avertit qu'un journaliste de *VSD* a beaucoup apprécié le spectacle et souhaite écrire un article sur la pièce. Rendez-vous est pris au café du Bar des Théâtres, une heure et demie avant la représentation.

J'aperçois un homme aux cheveux poivre et sel, style « baba cool », qui attend, je me présente.

Jean-Louis nous rejoint, l'entretien peut débuter, mais le journaliste semble un peu bougon à mon égard.

Je m'interroge, puisqu'il a assisté à la pièce, il ne peut ignorer le duo que nous formons. Nous échangeons sur la genèse du spectacle, puis, contre toute attente, il nous précise qu'il ne sait pas interviewer deux personnes à la fois et se tourne résolument vers Jean-Louis.

Il le questionne d'abord sur les événements politiques, car nous sommes en pleine campagne présidentielle. Je ne comprends pas bien le rapport avec la pièce. Il enchaîne sur le parcours de Jean-Louis, son enfance, il l'interroge sur la présidence de l'Assemblée, le Conseil constitutionnel.

Jamais un regard vers moi ni une question.

Assise en face de lui, j'attends donc mon tour. Le temps passe. Il m'ignore totalement.

Au bout d'une heure, ma patience ayant atteint ses limites, je l'interromps, et le regardant droit dans les yeux lui demande : « Je dois me préparer, je suppose que vous n'avez pas de questions particulières à me poser ? » Et tout tranquillement, il me répond : « Non. » C'est à se demander s'il est là pour écrire sur la pièce, comme il l'a annoncé, ou s'il cherche un prétexte pour rédiger un article politique.

L'envie ne me manque pas de lui rappeler que la journée de la Femme est certes terminée depuis trois jours, mais qu'il ne peut pas tranquillement nous ignorer pour les 362 jours à venir. Mais je préfère me taire, dans l'intérêt de la promotion du spectacle.

Je me promets de ne plus jamais me laisser humilier de la sorte par quiconque.

L'article de *VSD* paraît. Il est centré sur la carrière et le parcours politique de Jean-Louis. Il n'évoque à aucun moment le spectacle et seul un entrefilet me mentionne.

Le machisme a encore de beaux jours devant lui, hélas !

JLD — Dîner chez les Colla après la représentation de ce soir à laquelle Béatrice et Michel Leeb ont assisté. Michel félicite Valérie pour son sens de la musicalité. Nous évoquons l'humour au théâtre. Les temps ont changé et bien des blagues sont à proscrire, celles sur la couleur de peau, les origines et aussi certaines expressions à éviter au risque d'être taxé de raciste, de xénophobe, et de devoir affronter une campagne de dénigrement. Certains de ses sketches qui ont contribué à son succès sont à manier aujourd'hui avec beaucoup de précautions. Par contre, la vulgarité et le sexe constituent plus que jamais le fonds de commerce de certains prétendus humoristes qui ne s'en privent pas.

Et de 100 !

JLD — Nous fêtons ce soir la centième, veille de notre départ de la Gaîté pour le théâtre de Passy fin mars. Demain, l'humoriste canadien Anthony Kavanagh, dont la programmation est prévue de longue date, va nous succéder.

Toute l'équipe du théâtre est conviée à monter sur scène. L'émotion est forte, nous venons de passer plus de sept mois ensemble, avec une grande complicité et des habitudes – le rituel du jus de légumes que j'apporte à la responsable de la billetterie et surtout celui du gâteau au chocolat préparé par Valérie le samedi pour toute l'équipe.

C'est pour nous un bonheur de pouvoir remercier publiquement le personnel de la Gaîté. Il a été avec nous d'une disponibilité et d'une gentillesse émouvantes. Nous leur devons tant. Sans eux, nous n'aurions probablement pas pu jouer aussi longtemps. Poursuivre la pièce dans un autre théâtre atténue un peu notre nostalgie de les quitter.

7

Passy, nous voilà !

JLD – Changement d'ambiance. Nous avions connu pendant sept mois l'animation de la rue de la Gaîté et du quartier de Montparnasse, parsemée de théâtres et de salles de spectacle, de bistrots et restaurants ouverts tard... La rue de Passy offre un tout autre décor. Cernée par des banques, bordée de magasins de luxe, rares sont les badauds qui, après 20 heures, déambulent dans ce quartier. Et il est difficile d'y dénicher un restaurant qui sert après 22 heures. Le contraste est saisissant.

Quand le 14e arrondissement fait la fête une bonne partie de la nuit, le 16e est aux abris.

Le théâtre de la Gaîté-Montparnasse est magnifique – il est d'ailleurs inscrit au titre des monuments historiques –, on y ressent une atmosphère d'autant plus particulière et intimidante qu'il illustre une page de l'histoire des théâtres parisiens. Tant de grands artistes français y sont passés.

Celui de Passy, ancienne salle de cinéma, bien réaménagée, n'a pas le même charme ni une aussi riche histoire. Même parmi les locaux, nombreux sont ceux qui le confondent avec le théâtre du Ranelagh.

Nous devons nous adapter à ce nouveau lieu avec un public qui semble provenir du quartier, moins démonstratif. Nous jouons désormais à 21 heures et aussi le dimanche en après-midi où viennent volontiers des familles.

VB — L'entrée du théâtre de Passy est en contrebas. Il faut descendre quelques marches pour rejoindre l'espace d'accueil, très convivial avec ses banquettes de velours rouge et ses tables bistrot dans l'entrée. La salle est tout en longueur, quelque 200 places. Le plateau, où notre décor est déjà installé, est beaucoup plus petit qu'à la Gaîté.

La Marianne qui trône d'habitude au centre de la scène restera dans les vestiaires par manque d'espace. Premier filage technique : le régisseur, Franck, est attentionné, quelques petites erreurs sont vite corrigées. Nous prenons rapidement nos marques. Christophe Dies est désormais notre pianiste attitré.

Au théâtre ce soir

VB — La chaleur sur le plateau est suffocante, malgré la climatisation. J'aperçois une femme au premier rang qui nous observe avec des jumelles. Malgré les haltes dans les coulisses pour m'essuyer le visage, je sens mon maquillage qui dégouline. Pourtant la femme en question continue à me scruter à la loupe. Quel intérêt y trouve-t-elle ? Je préférerais lui montrer un meilleur visage !

Certains spectateurs ont le rire communicatif et créent une ambiance particulière, dans laquelle tous laissent libre cours à leurs émotions.

Une chance pour nous, nous en avons un ce soir dans la salle. Il est si enthousiaste qu'il entraîne le public à applaudir à chaque portrait, à chaque morceau de piano. Nous donnons là une de nos meilleures représentations.

Valérie et Jean-Louis font le trottoir

JLD – Comme les responsables du théâtre de Passy font peu de publicité pour attirer du monde, se contentant d'une affiche devant l'entrée du théâtre, nous parcourons plusieurs matinées de suite les rues du 16e arrondissement pour coller des affiches sur les palissades et distribuer des prospectus.

VB – Devant moi, un immeuble en travaux, non habité, entièrement placardé d'affiches ; je n'ose coller la nôtre sur les appels aux dons de l'association « Sœur Emmanuelle ».

Deux jours plus tard, ces mêmes murs sont recouverts par des affiches politiques pour la prochaine élection présidentielle, leurs militants n'ont pas eu mes scrupules.

J'en repère quelques-unes mal collées sur lesquelles je pourrais apposer les nôtres. J'ai acquis une certaine dextérité qui me permet d'aller de plus en plus vite.

La plupart du temps, les gens ne font pas le rapprochement entre mon portrait sur l'affiche et moi. Pour eux, je suis une colleuse d'affiches sauvages.

Et parfois, on me reconnaît. Ce sont plutôt des femmes qui m'interpellent, l'une me dit qu'elle va prendre des billets, une autre qu'elle a vu une émission et que l'histoire des femmes l'intéresse, elles me demandent où nous jouons...

Sur ma droite, une femme s'approche, je lui précise qu'il s'agit d'une pièce de théâtre qui se joue dans le quartier. D'habitude, cette entrée en matière permet d'entamer une discussion, d'aborder le sujet de la pièce, de donner envie d'y assister...

Sa réaction, cette fois, est tout autre : « Vous n'allez pas coller votre affiche sur "mon Zemmour" ? me lance-t-elle d'une voix agressive.

— Mais c'est pour une pièce de théâtre.

— J'en ai rien à foutre, vous ne collez rien sur "mon Zemmour", sinon je vous arrache toutes vos affiches. »

Fortement contrariée, je lui rétorque : « Vous ne le voyez pas assez, "votre Zemmour" ? Il est sur toutes les façades de l'immeuble ! »

Elle s'éloigne, traverse la rue et me crie qu'elle va me « casser la gueule » si je persiste.

Pourquoi tant d'agressivité et de fanatisme ? La politique n'est visiblement pas un long fleuve tranquille !

JLD — Le 16e est un quartier où il existe encore ce qu'on appelait jadis des concierges et aujourd'hui des gardiens. Ainsi, rue de la Tour, à plusieurs reprises je me fais houspiller ou fermement inviter à sortir par des gardiens d'immeuble, j'entends souvent, parfois avec véhémence, cette phrase : « Pas de publicité dans les boîtes aux lettres ici ». L'un d'eux a même menacé de me botter les fesses si je revenais.

Alors que, rue de la Pompe, je glisse des prospectus sous les essuie-glaces des voitures un monsieur se retourne et d'une voix agressive, hargneuse, éructe : « C'est pour qui ? Encore de la politique ! On en a marre, tous les mêmes, arrêtez de nous emmerder avec vos conneries... » Il poursuit son chemin en haussant les épaules et en maugréant je ne sais quoi, mais certainement pas des mots aimables à mon égard...

Quelques rues plus loin, un autre, m'ayant reconnu, m'adresse ostensiblement un bras d'honneur.

Mais toutes les rencontres ne sont pas aussi « aimables »...

Avenue Mozart, je croise un avocat que j'avais connu lorsque j'étais juge d'instruction. En me voyant distribuer des prospectus sur notre spectacle, il m'interpelle avec un grand sourire : « Belle reconversion, du palais aux planches... »

Sympathique, ce commerçant qui me demande de prendre une photo avec lui et me confie : « Ma petite-fille est étudiante en droit et vous aime bien. »

Aussi cette dame, dans le hall de son immeuble de l'avenue Paul-Doumer, qui m'interpelle : « C'est vraiment vous ?

— Oui, c'est moi.

— Vous savez, j'aimais bien Chirac. Quelles sont vos activités aujourd'hui ?

— Je joue au théâtre de Passy. C'est pour cela que je mets des publicités dans les boîtes aux lettres.

— Ah, donnez-les-moi, je les distribuerais à mes voisins. »

Boulevard Flandrin, une dame et son mari me reconnaissent, ils me font un large sourire et elle me dit : « Votre grand-père a soigné nos enfants, nous avions beaucoup d'admiration pour lui et votre famille. Que faites-vous dans ce quartier ? » Après lui en avoir indiqué la raison, elle ajoute : « Ah, vous êtes donc devenu comédien, nous viendrons vous applaudir. »

Et le lendemain, effectivement, ils sont présents.

Je deviens même « copain » avec un distributeur de pubs pour un salon de massage.

« Professionnel » du tractage de prospectus publicitaires, il m'indique les « bonnes » rues et les immeubles où l'accès aux boîtes aux lettres est facile, où les gardiens « laissent faire ». On se répartit les trottoirs, les pare-brise des voitures.

Près de la Maison de la radio, rue Raynouard, au moment où je passe devant un immeuble, un paquet de prospectus à la main, sort un ancien secrétaire d'État du gouvernement de Fillon puis collaborateur de Hollande à l'Élysée. Surpris de me voir en démarcheur publicitaire, il me souhaite bonne chance.

Et quelle joie quand le patron du Scheffer accepte d'apposer une affiche du spectacle sur la porte de son restaurant !

« Bravo l'artiste ! »

JLD — Lance l'ancien Premier ministre Jean-Pierre Raffarin à Emmanuel Macron lors de l'inauguration, le 7 mai 2022 à l'Élysée, du nouveau quinquennat.

Je regarde à la télévision ce spectacle où se retrouvent tous les pigeons voyageurs de la politique. Ces courtisanes et courtisans qui se pressent au premier rang pour se faire remarquer du maître du pouvoir. Un nouveau gouvernement va être constitué, c'est une opportunité à ne pas laisser passer pour se rappeler au bon souvenir du Président.

Ils sont tous là, à attendre et espérer... un geste, un regard, un signe de l'hôte de l'Élysée. Une telle assemblée sans l'inoxydable Jack Lang n'est pas imaginable. Il me fait penser à ces coquillages qui s'accrochent aux rochers quelles que soient les marées... politiques, bien entendu.

Fascinante et éternelle comédie du pouvoir... Il n'y a pas qu'au théâtre qu'on joue la comédie !

Madame la Première ministre

JLD – À l'annonce, le 16 mai 2022, de la nomination d'une femme à la tête du gouvernement, je m'autorise une brève incursion dans la sphère politique et accepte de répondre à Julie Malaure, pour *Le Point*.

Qu'une femme soit ainsi promue me réjouit. À l'évidence, notre société évolue dans le bon sens. N'oublions pas qu'il a fallu attendre la Libération pour que les femmes aient le droit de voter et de faire acte de candidature aux élections.

Mais nous sommes en train de faire un événement de ce qui ne devrait pas en être un. Nous rendons extraordinaire le fait que le Premier ministre soit une femme alors que cela est en soi parfaitement normal.

Il est vrai que la société politique est plus lente à progresser que la société civile. Une loi n'a pas suffi : il a fallu faire évoluer les mentalités afin que les électrices et électeurs votent pour des femmes à des fonctions qui ont longtemps été la chasse gardée des hommes. Mais il a été aussi nécessaire, par des dispositions législatives particulières, de contraindre les partis politiques à désigner des candidates. D'autres pays européens ont été plus rapides que nous, comme le Royaume-Uni avec Margaret Thatcher ou l'Allemagne avec Angela Merkel.

« Vous définissez-vous comme féministe ? », me demande la journaliste.

Ma réponse est claire : je suis avant tout un républicain. La République, c'est la liberté et l'égalité, notamment entre femmes et hommes.

Ces héroïnes que nous mettons à l'honneur dans notre spectacle et parfois sortons de l'oubli ont eu le courage de bousculer les conservatismes, de combattre les prétentions des hommes qui entendaient régner sans partage sur la société. Elles incarnent la France du mouvement et non celle de la résignation.

La République n'est pas simplement une architecture institutionnelle. C'est aussi un modèle de société fondée sur l'exigence de liberté, le souci de l'égalité et l'espérance de fraternité donc de solidarité.

Être républicain, c'est vouloir une société qui lutte contre toutes les discriminations, pas seulement politiques. C'est une exigence nationale. Or le rapport pour l'année 2023 du Haut Conseil pour l'égalité entre les femmes et les hommes montre que le sexisme perdure en France et que ses manifestations les plus violentes s'aggravent.

L'éducation, l'information sont essentielles pour éradiquer cette gangrène sociale que représente le sexisme. L'enseignement de l'histoire permet de lutter contre le fatalisme ou le renoncement. Dénoncer les doctrines, les religions qui imposent aux femmes une soumission, leur refusent la liberté dont jouissent les hommes, est une exigence républicaine.

Demandez le programme

VB — La soirée est privatisée par des associations féminines sous le sceau du groupe BPCE, le deuxième groupe bancaire en France. Sont présentes

Foncièrement'L, Bred Pluriel, Winn, Coopération'Elles, Les Essenti'Elles, Palatine PlurieL, CEIDF et HEC au féminin. Nous avions rencontré l'une des organisatrices au théâtre de la Gaîté et envisagé d'organiser cette soirée. Le combat pour l'égalité entre hommes et femmes dans l'univers de la banque est engagé depuis quelques années. Rappelons que le code napoléonien désignait les femmes comme « incapables majeures » quand il s'agissait de gérer leur épargne.

Il faudra attendre 1965 pour que la loi permette aux femmes mariées d'ouvrir un compte bancaire sans l'autorisation de leur conjoint.

Dernière à Passy

VB — Nous avons été informés de la venue de Roselyne Bachelot, ancienne ministre de la Culture. L'équipe du théâtre est en ébullition. Avant la représentation, Olivier Kaefer échange quelques mots avec elle, lui souhaite un bon spectacle. Elle lui répond que, de toutes les façons, il n'y a pas de surprise théâtrale avec Jean-Louis Debré.

Pour cette dernière à Passy, toute l'équipe nous rejoint sur le plateau et Olivier Kaefer s'adresse au public : « On avait l'impression ce soir pour notre dernière de recevoir un Molière avec la présence de madame la ministre de la Culture dans la salle. » Les applaudissements redoublent. Quand on la retrouve à la sortie, Roselyne Bachelot est enchantée et concède que la surprise théâtrale a eu lieu, qu'elle ne s'attendait pas à cela.

Le chef d'orchestre

VB — Jean-Louis et moi souhaitons mieux connaître le parcours d'Olivier Macé. Absorbés par les répétitions et les représentations, nous nous rendons compte que l'on ne connaît pas bien le parcours professionnel de notre metteur en scène. Pour ce faire, nous allons dîner tous les trois dans un petit restaurant calme, le 27, rue Madame, à Paris.

La liste des artistes avec qui il a travaillé est impressionnante.

Le génial comédien qu'était Michel Galabru l'a beaucoup marqué, Olivier était alors assistant à la mise en scène de Jean-Pierre Dravel dans *Monsieur Amédée,* avec Bernadette Lafont. Il se souvient que Galabru, durant les répétitions, s'arrêtait souvent pour raconter « avec une faconde extraordinaire » des anecdotes sur Bourvil, Louis de Funès, Simone Signoret.

« C'était passionnant, tout le monde riait. C'était sa façon à lui de ne pas répéter, nous dit Olivier. Comme j'avais compris son manège, je lui lançais : "Non, Michel, on la connaît, celle-là, on y va." Il n'aimait pas répéter. »

J'ajoute : « Un peu comme Jean-Louis... »

Nous en sourions.

La femme qui a le plus marqué Olivier Macé de toute sa carrière est Annie Cordy, auteure de plus de 500 chansons parmi lesquelles on ne se souvient que de « Tata Yoyo » et « La bonne du curé ».

Dès le deuxième jour de répétition, elle connaissait son texte à la virgule près, nous raconte Olivier : « Dans la pièce *Laissez-moi sortir*, elle interprétait à quatre-vingt-cinq ans, seule en scène, le rôle d'une actrice en fin de carrière qui devait participer à l'émission de Michel Drucker. Elle y racontait avoir été victime dans sa jeunesse d'un viol. Je lui fis répéter cette scène en lui demandant de jouer doucement. Elle l'interpréta avec une telle intensité et une telle véracité que j'en pleurai.

"Je suis comme ça, Olivier, je donne tout tout de suite", me lança-t-elle. Elle était tellement authentique sur scène qu'un journal à sensation avait titré : "Annie Cordy violée à 16 ans", l'obligeant à publier un démenti. »

« Elle devait certainement sa rigueur, son professionnalisme, sa technique à des années de music-hall », précise Olivier.

Dans le travail de mime que je connais bien, on est souvent tout à la fois auteur, interprète et metteur en scène. La scénographie y occupe une place prépondérante, elle détermine le style de notre expression scénique. « Dans une époque sans style, son travail est essentiel pour notre art », nous répétait Marcel Marceau.

Un jour de répétition, Olivier est arrivé en lançant : « Je suis content : j'ai écrit ma mise en scène. » J'ai longtemps réfléchi à ce qu'il avait voulu nous dire. Dans l'art du mime, une large part est laissée à l'improvisation afin de donner corps à la mise en scène. Comment peut-on tout définir à l'avance ? Je profite de ce dîner pour le lui demander.

Pour Olivier, le metteur en scène est d'abord un chef d'orchestre.

« Il est celui qui pense à la façon dont il va organiser les choses, ensuite il s'entoure d'une équipe de créateurs. Dès que le décor est fixé, j'imagine une scénographie, en veillant à ce qu'elle soit la plus fluide possible. Cela me permet ensuite de donner du rythme à la mise en scène et de faire en sorte que les comédiens se sentent à l'aise dans leurs déplacements.

— Tu avais déjà décidé dès le début de nos déplacements ?

— Oui, j'avais une maquette du décor et je savais, en me basant sur le texte, naturellement. C'est la première partie du travail. Après, il y a la direction d'acteurs... Un peu pour toi, mais surtout pour Jean-Louis, qui était un débutant. Il fallait lui donner des indications, qu'il apprenne à les respecter, et ne se promène pas à sa guise sur le plateau... »

Jean-Louis n'ayant jamais fait de théâtre, Olivier nous confie être parti de ce qu'il connaissait de sa personnalité, ses imitations, son art oratoire. Le voyant prendre plaisir à jouer d'autres rôles, Olivier avait poursuivi dans cette direction.

Ayant plus d'expérience au théâtre, il souhaitait que je puisse aussi m'exprimer en mime et en chant.

« Restait à mélanger vos deux univers, pour que vous arriviez à jouer ensemble et que vous amusiez le public tout en vous amusant. Devenir les personnages dont nous parlions, introduire un côté sketch ont été quelques-unes des solutions, précise-t-il.

— On a aussi pas mal simplifié le texte.

— Il fallait aller à l'essentiel ! intervient Jean-Louis.

— Tu voulais toujours couper dans mon texte, mais pas autant dans le tien, rétorqué-je.

— Sur George Sand et Marguerite Yourcenar, on se perdait dans les détails et cela devenait inaudible et incompréhensible, sauf pour les spécialistes de ces deux écrivaines, me répond-il.

— Pour toi, c'étaient des détails, mais pas pour moi. Par contre, pour la première femme avocate, Jeanne Chauvin, les détails ne t'ont pas embêté… »

Olivier nous regarde reprendre les mêmes discussions que nous avions en répétitions et réplique : « Qu'est-ce que vous m'avez fait rire, à vous "chiffonner" pendant les répétitions. Là, je laissais faire... »

Jean-Louis et moi en sourions.

Olivier poursuit : « J'ai aimé apprendre des choses avec vous. Et j'ai toujours dit que le théâtre, c'est aussi nourrir les gens de l'histoire, qu'ils ressortent en se disant : "J'ai vu un spectacle où j'ai appris des choses."

— Le théâtre est un miroir dans lequel on se voit, commente Jean-Louis.

— C'est exactement cela, poursuit Olivier. Mettre une loupe sur des sujets sociétaux, sur nos travers, et s'en moquer, de sorte qu'à la fin du spectacle le public se dise : "C'est vrai, ils n'ont pas tort." »

Et il ajoute : « Une autre chose m'a beaucoup amusé. Au théâtre, on répète quatre heures en général alors qu'avec vous, au bout de deux heures, Jean-Louis nous disait : "Bon, c'est fini, on y va." Un jour, tu m'as même avoué que le théâtre était plus compliqué que la politique, car il fallait recommencer tous les soirs la même chose. Savez-vous quel est le meilleur compliment que le public puisse me faire ? : "Ah, c'est super, on n'a pas vu la mise en scène !" Alors que tout est faux, le public a pourtant l'impression que c'est vrai, tellement tout semble naturel... »

Je pense aux réflexions de Gérard Philipe que j'avais lues, extraites d'*Arts*, dans son article publié en 1957 sous le titre « Les acteurs ne sont pas des chiens » : « J'ai souvent invité des amis ou des membres de ma famille à assister à la répétition d'une pièce de théâtre... C'est alors seulement qu'ils comprennent que nous avons un métier... Certains étaient surpris par la patience demandée aux acteurs, d'autres par la disponibilité qu'on exige de lui quand, par exemple, on répète plusieurs fois le même texte jusqu'à ce que le ton soit trouvé : "Mais au fond vous travaillez comme nous." »

Au cours de notre dîner, j'interroge Olivier sur les difficultés qu'il a rencontrées avec nous. Il ne me parle que de bonne humeur et de joie.

« On a réussi à tenir un an à Paris, souligne-t-il, ce n'est pas rien ! Et maintenant c'est la tournée ! »

Passy, nous voilà !

Nous terminons la soirée en pensant à une suite. Il faut trouver le bon sujet pour continuer à surprendre. Nous évoquons plusieurs pistes sans trouver pour l'instant ce qui pourrait être notre prochain spectacle ensemble.

8

En tournée

JLD – J'ai hâte de parcourir la France comme je l'ai tant fait durant ma vie politique, de rencontrer un nouveau public. Dans les jours qui précèdent le début de ce périple en province tournent dans ma tête, tel un leitmotiv, les paroles de la chanson d'Aznavour :

Viens voir les comédiens
Voir les musiciens
Voir les magiciens
Qui arrivent

Sur les terres de George Sand[1]

JLD – Pour préparer notre venue au festival Femmes Artistes, Femmes d'action, j'ai dû répondre

1. 24 septembre 2022.

aux questions du journaliste de *La Nouvelle République.*

« Qu'est-ce qui est le plus difficile : prendre la parole au perchoir de l'Assemblée nationale ou sur les planches d'un théâtre ? me demande-t-il.

— Ce sont certes deux métiers publics, mais tellement éloignés l'un de l'autre. En politique, l'assistance est souvent composée de sympathisants. Au théâtre, il est chaque soir différent. En plus chacun a dû payer sa place et vient pour se divertir, rire, s'instruire... En politique, le public est là pour valoriser l'orateur et montrer aux journalistes que le politique peut encore rassembler du monde...

— Un tel changement de rôle, c'est quand même très étonnant, insiste le journaliste.

— Mon souhait était de ne jamais poser mon baluchon au bord de la route. J'ai commencé ma vie professionnelle comme magistrat. Mes années de juge d'instruction furent passionnantes. Mais je ne voulais pas devenir un vieux juge blasé et sceptique. J'avais aussi la conviction que, génération après génération, il fallait s'engager pour la République, pas seulement en votant lors des élections. Alors je me suis engagé en politique. Je ne regrette pas ces années qui m'ont permis de servir la République dans différentes fonctions. J'ai pu rencontrer, accompagner de vraies personnalités. Dans la vie, on croise beaucoup de copies et peu d'originaux. J'ai eu le privilège de côtoyer des personnes authentiques. Mais il convient de s'extraire de la politique avant qu'elle ne devienne une routine. Il faut éviter de faire le mandat de trop. C'est extraordinaire, à mon âge, d'être un jeune comédien, d'apprendre un nouveau métier, de découvrir un autre monde, de côtoyer de nouvelles personnalités, acteurs, metteurs en scène, producteurs... »

*

Dans le magnifique cadre du château d'Ars où George Sand a situé quelques scènes de son roman *Les Beaux Messieurs de Bois-Doré*, devant un public d'érudits et admirateurs de Sand, nous voici évoquant « ces femmes qui ont réveillé la France ».

S'il est vrai qu'elle a revendiqué et incarné la liberté pour les femmes dans leur vie personnelle, George Sand n'a pourtant pas été favorable à la reconnaissance de leur droit de vote. Le 5 avril 1848, le journal *La Voix des femmes* propose sa candidature à l'Assemblée constituante. Elle condamne cette initiative qui aurait été prise sans son accord, et s'en explique dans une lettre adressée aux membres du Comité central : « Il ne m'a jamais semblé possible que l'homme et la femme fussent deux êtres absolument distincts. Il y a diversité d'organisation et non pas différence. Il y a donc égalité et non point similitude. » Elle ajoute : « J'admets physiologiquement que le caractère a un sexe comme le corps, mais non pas l'intelligence. Je crois les femmes aptes à toutes les sciences, à tous les arts et même à toutes les fonctions comme les hommes... Les femmes doivent-elles participer un jour à la vie politique ? Oui, un jour, [...] mais ce jour est-il proche ? Non, je ne le crois pas, et pour que la condition des femmes soit ainsi transformée, il faut que la société soit transformée radicalement. »

Pour George Sand, « la femme étant sous la tutelle et dans la dépendance de l'homme par le mariage, il est absolument impossible qu'elle présente des garanties d'indépendance politique, à moins de briser individuellement et au mépris des lois et des mœurs cette tutelle que les mœurs et les lois consacrent. » « Pour ne pas laisser d'ambiguïté dans ces considérations que j'apporte, poursuit-elle, je dirai toute ma pensée sur ce fameux affranchissement de la femme dont on a tant parlé dans ce temps-ci. [...] Il consiste simplement à rendre à la femme les droits civils que le mariage seul lui enlève, que le célibat seul lui conserve ; erreur détestable de notre législation qui place en effet la femme dans la dépendance cupide de l'homme, et qui fait du mariage une condition d'éternelle minorité [...]. »

Retour au Palais-Bourbon[1]

JLD – Nous voici dans ces lieux que j'ai tant aimés. Nous devons y jouer pour la Nuit du droit. J'en profite pour organiser une visite avec toute l'équipe qui ne connaît pas le Palais-Bourbon.

Une séance se tient dans l'hémicycle, il convient donc d'être discret.

« La République a commencé ici, dis-je devant le bas-relief en bronze de Jules Dalou (1838-1902). Il représente la séance du 23 juin 1789, durant

1. 7 septembre 2022.

les états généraux, dans une salle de l'hôtel des Menus-Plaisirs de Versailles. Le roi a ordonné aux délégués des trois ordres – noblesse, tiers état, clergé – de siéger séparément. Mirabeau, debout, se serait alors adressé au marquis de Dreux-Brézé en ces termes : "Allez dire à votre maître que nous sommes ici par la volonté du peuple, et qu'on ne nous en arrachera que par la puissance des baïonnettes." »

Moment essentiel de notre histoire politique. La légitimité populaire s'oppose et résiste à la puissance monarchique. Raconter l'Assemblée nationale amène à retracer la naissance de la démocratie parlementaire.

Arrive le personnel chargé de l'organisation de l'événement dans la salle des fêtes de l'hôtel de Lassay, actuellement en travaux.

C'est le duc de Morny qui, en 1848, fit édifier cette salle qui relie l'hôtel de Lassay au Palais-Bourbon. C'est par là que le président de l'Assemblée passe pour rejoindre son perchoir et présider la séance.

Avant d'aborder les questions techniques d'installation, je me plais à leur rappeler que, si une femme, Yaël Braun-Pivet, est aujourd'hui aux commandes de l'Assemblée, elle n'est pas la première dans l'histoire de l'institution à présider une séance. Le 30 juillet 1946, Madeleine Braun, en tant que vice-présidente, fut la première femme à s'asseoir au perchoir dans l'hémicycle. Déléguée à l'Assemblée consultative provisoire en 1944, elle fut députée communiste de la Seine de 1945 à 1951, et quatre fois réélue dans ses fonctions de 1946 à 1951.

L'organisation de cette soirée donne lieu à de nombreuses interrogations. Comment placer la scène sans empêcher le passage de la présidente, car il y a encore des séances ? Où fixer les lumières ?... Mais le décor, la beauté et le prestige du lieu sauront faire oublier ces aléas et les difficultés d'installation.

« Ces femmes » à l'Assemblée nationale[1]

JLD – À ma grande surprise, la salle des fêtes est bondée, principalement par le personnel du Palais-Bourbon et leur famille. Je savais qu'il y aurait peu de parlementaires. Difficile de les déplacer pour un spectacle culturel qui ne rapporte aucun suffrage. J'en avais fait l'expérience quand j'avais créé « Les mardis de Lassay ».

Une fois par mois en fin d'après-midi, j'invitais des comédiens, parfois de la Comédie-Française, mais aussi des amateurs, à venir réciter des poèmes ou à déclamer des discours célèbres (Victor Hugo, Jean Jaurès...). Sauf à la première, les députés n'étaient jamais très nombreux. J'avais alors ouvert la soirée, qui ne durait pas plus de deux heures, à des personnalités, des étudiants, collégiens ou lycéens du quartier. Au moins eux appréciaient.

Magnifique soirée pour laquelle j'ai tenu à ce que nous jouions bénévolement.

1. 4 octobre 2022.

Quel bonheur de retrouver le Palais-Bourbon et de me souvenir des années passées dans l'hémicycle, comme député de l'Eure et président de l'Assemblée. Si chacun défendait âprement ses positions, et si les débats étaient animés, les affrontements politiques sans complaisance, le climat n'avait rien à voir avec l'ambiance haineuse, les propos injurieux, les invectives personnelles qu'on y trouve aujourd'hui. Faire de la politique, pour ces agitateurs-là, c'est d'abord créer le désordre, semer la confusion, encourager le chaos.

Je me souviens de cette séance où le député de la Gironde et ancien journaliste Noël Mamère réclamait une nouvelle Constitution pour fonder la VIe République. Avec sa permission, je l'interrompis et lançai en me tournant vers mes collègues : « Je préfère la Constitution de mon père à celle de Mamère ! » Hilarité générale sur tous les bancs de l'hémicycle. Impossible pour lui de poursuivre, inoubliable moment !

Il n'y a pas encore si longtemps, les députés arboraient dans l'hémicycle une tenue correcte, veste et cravate. Aujourd'hui, malgré le règlement, toujours trop d'accoutrements débraillés sont à déplorer.

Heureusement, le short, le bermuda ou les tongs n'ont pas encore fait leur apparition au Palais-Bourbon ! Il est vrai que leur port est interdit. Mais la tendance n'est-elle pas à ne plus rien respecter ?

Historiquement, le vêtement des membres du Parlement avait été conçu comme l'un des moyens de renforcer l'autorité des élus. Il paraît pourtant inconcevable de nos jours d'imposer un « uniforme » aux députés.

La médiatisation de la politique est de plus en plus prégnante, celle des séances à l'Assemblée nationale toujours plus manifeste. Les réseaux sociaux qui rythment et déforment la vie politique incitent certains parlementaires à se faire remarquer par tous les moyens. Leurs tenues vestimentaires sont une façon d'adresser un message politique à l'opinion en général et à leur électorat en particulier. Ce n'est pas totalement nouveau, mais jadis cela était l'exception.

Ainsi, au moment de la Constituante de 1789, Michel Gérard, dit « le père Gérard », siégea en tenue bretonne traditionnelle. Christophe Thivrier, ouvrier mineur, maire socialiste de Commentry, député en 1889 sous l'étiquette du Parti ouvrier, arbora la blouse bleue des ouvriers du Bourbonnais. Plus récemment, en 1997, le député communiste de l'Oise, Patrice Carvalho, fit sa rentrée parlementaire en bleu de travail.

Je me souviens, lors des questions au gouvernement, avoir interdit l'entrée de l'hémicycle à une députée d'outre-mer qui arborait un magnifique chapeau sur lequel figurait un ananas. Elle voulait en faire la promotion et ainsi montrer à son électorat qu'elle ne l'oubliait pas.

Malgré mon bonheur de retrouver le Palais, je constate combien l'atmosphère du lieu a changé, ce que me confirment bien des agents.

Je me souviens de ces dimanches soir quand, rentré de ma circonscription, je passais dans l'hémicycle, le bâtiment vide, les lumières éteintes. Depuis la tribune, je lisais à haute voix des discours célèbres : ceux de Lamartine, Jaurès, Clemenceau, Hugo... Quand je les compare à ceux que nous pouvons entendre de nos jours, quelle tristesse !

Pourquoi n'y a-t-il plus de grands orateurs parlementaires ? J'ai l'impression qu'à l'heure actuelle, trop souvent on éructe plus qu'on ne discute, on vitupère ou injurie plus qu'on n'argumente ou ne débat en séance.

Rendez-vous avec Marianne[1]

JLD — Avant la représentation du soir, le sénateur Jean-Pierre Grand, qui fut pendant plus de trente-quatre ans maire de Castelnau-le-Lez, et le maire Frédéric Lafforgue nous font visiter l'exposition « Les Marianne du Sénat ». Ils savent que je suis un collectionneur de bustes de Marianne et que j'ai fait acquérir par l'Assemblée nationale une partie de la collection du journaliste Pierre Bonte, désormais exposée dans une salle du Palais-Bourbon.

J'aime à raconter au début de la pièce ou devant des collégiens ou étudiants l'histoire de Marianne. C'est le décret du 22 septembre 1792 de la Convention nationale qui, reprenant la proposition de l'abbé Grégoire, chargé du rapport sur les sceaux

1. 13 octobre 2022.

de la République, adopte l'effigie d'une femme pour symboliser la liberté républicaine.

Le nom de « Marianne » provient de l'association des deux prénoms féminins les plus répandus à l'époque dans le peuple : Marie et Anne. La République est fille du peuple à la différence de la monarchie qui est celle de la noblesse.

Selon les époques, le bonnet phrygien a été remplacé par une étoile, signe du rayonnement de la liberté et de la République ; Marianne a également été coiffée de feuilles de chêne, symboles de longévité, de solidité, de justice, d'hospitalité, ou de branches d'olivier pour incarner une République de paix et de fraternité. Les emblèmes de la franc-maçonnerie apparaissent même sur certaines. La plus connue fut celle réalisée en 1881 par le sculpteur Paul Lecreux.

Bravo, mon chéri, on t'aime[1]

JLD – À Sarreguemines, parmi le public, une personnalité incontournable de la vie du Palais-Bourbon : Yvette Vitas. Cheffe des agents de

1. 15 octobre 2022.

l'Assemblée, elle fut la première femme à avoir été promue à ce poste dans l'histoire de l'institution.

Elle veillait sur les députés avec bienveillance et gentillesse, trouvant des solutions à tous leurs problèmes quotidiens. Avec tact et fermeté, elle savait remettre à leur place ceux qui avaient tendance à estimer que tout leur était dû. Et de toutes les manières, pour elle, rien ne devait filtrer à l'extérieur du Palais.

C'était une époque où régnaient entre les députés un respect mutuel et parfois une fraternité qui pouvaient transcender certains clivages partisans.

Je me souviens, lorsque j'ai été élu président, de l'avoir entendue s'écrier : « Bravo, mon chéri, on t'aime. » Heureusement, personne n'a alors enregistré cette scène. Aujourd'hui, avec les réseaux sociaux, cela aurait eu un grand succès. D'ailleurs, Yvette nous appelait, pas toujours à voix basse, mon frère Bernard et moi, « mes chéris ».

Quelques années plus tard, au Conseil constitutionnel, j'ai eu la joie, entourée de ses amis, de lui remettre l'ordre national du Mérite.

La veille de notre représentation, j'avais été invité à présider la réunion de l'Association des maires du département au cours de laquelle, après dix-neuf ans passés comme maire de Sarreguemines, Céleste Lett s'est vu conférer le titre de maire honoraire. Nombre de ces élus ont tenu le lendemain à assister à notre spectacle.

Un anniversaire à Arcachon[1]

JLD — Grâce à Benoît Dissaux, directeur d'Arcachon Culture, nous voici, en ce mois de novembre, au palais des congrès de la ville, qui a pris ses allures d'hiver et retrouvé un calme qui n'existe pas en été.

VB — En relisant *La Vagabonde* de Colette, je retrouve dans ses récits de tournées bien des similitudes avec nos déplacements pour le théâtre. Certes, l'époque a changé, les conditions de transport sont plus faciles aujourd'hui, mais la pression du temps s'est accélérée : en une journée, nous arrivons, répétons, jouons, dînons, dormons et repartons au petit matin.

1. 24 novembre 2022.

Nous voici à Arcachon pour ouvrir avec notre pièce la septième édition du Grand Débat.

Arcachon, que Jean-Louis m'a fait découvrir, Arcachon devenue la familière où j'ai le plaisir d'animer depuis quelques années, début mai, des rencontres littéraires à l'occasion du salon La Plage aux écrivains.

Nous souhaitons arriver la veille pour répéter tranquillement, mais le diffuseur refuse pour des questions de budget de payer deux nuits d'hôtel. Qu'importe, nous le prendrons à notre charge.

Une jeune stagiaire, chargée de l'organisation du déplacement, nous réserve une chambre dans un hôtel très éloigné, alors que notre seule exigence était d'être logés au plus près du théâtre. Nous nous retrouverons en soirée sans voiture, sous une pluie battante. Au surplus, le réveil le lendemain matin se fait au son des marteaux-piqueurs du chantier contigu à l'hôtel... Bonjour mon anniversaire !

En début d'après-midi, une autre surprise nous attend. Le régisseur général nous présente les deux nouveaux qui vont lui succéder et s'en va. Je reprends le déroulé du spectacle depuis le début et, au fur et à mesure, je m'aperçois qu'ils ne le connaissent pas.

Avec Christophe, nous tentons de sauver les meubles…

Jean-Louis arrive, je ne lui parle de rien, ne voulant pas l'inquiéter. À 19 heures, l'ensemble du personnel technique va dîner, même s'ils ne sont pas au point. La représentation va être compliquée, quel anniversaire !

Avant notre entrée en scène, le vidéoprojecteur n'est pas allumé. Nous attendons en coulisses quand un technicien nous lance : « C'est bon, vous commencez, on va régler le problème pendant que vous jouez. »

Le rideau s'ouvre, Jean-Louis entre sur la scène plongée dans le noir. Ce ne sera pas la seule fois de la soirée que nous serons mal éclairés. Nous découvrons aussi que la vidéo ne fonctionne toujours pas.

Nous faisons en sorte que le public ne s'aperçoive de rien.

Avant d'aborder le portrait de Simone Veil, je me rends compte qu'il n'y aura pas la projection de son discours à l'Assemblée nationale. Heureusement, j'ai conservé une conduite du spectacle en coulisses. J'entre en scène et lis son discours comme si j'étais à sa place à la tribune. Satisfaction quand un spectateur me dira à la sortie : « Ce passage où vous prononcez le discours de Simone Veil, j'avais l'impression de la voir, quelle force ! » Parfois, les incidents techniques ont du bon !...

Ce soir, j'ai les honneurs de la presse et suis la seule à être interrogée par le journaliste de *Sud Ouest*, une fois n'est pas coutume...

Les grandes « dames » du Bassin[1]

JLD — Pour la discussion avec le public à la fin du spectacle, j'avais préparé quelques mots sur Rosa Bonheur (1822-1899). Artiste peintre longtemps oubliée, elle incarnait à son époque l'émancipation des femmes. Transgressant les interdits moraux et normes sociales, Rosa Bonheur a revendiqué son droit de vivre libre. Mais personne ne m'a interrogé sur elle ce soir.

1. 24 novembre 2022.

Née à Bordeaux, elle est décorée de la Légion d'honneur des mains même de l'impératrice Eugénie en juin 1865. Trente ans plus tard, en 1894, la République a remplacé l'Empire, elle est élevée au grade d'officier de la Légion d'honneur par le président Sadi Carnot. Rosa Bonheur devient ainsi la première femme à accéder à ce titre honorifique.

Aucune allusion non plus à l'issue de la représentation à Sarah Bernhardt, l'une des plus grandes tragédiennes françaises du XIXe siècle, que Victor Hugo appelait « la voix d'or » et qui résida pendant la Première Guerre mondiale à Andernos, près d'Arcachon.

Malgré ces imperfections techniques et ma déception de n'avoir pas été interrogé sur les grandes « dames » du Bassin, la soirée se termine par un amical dîner dans un rare restaurant encore ouvert avec Pierre et Brigitte Diégo, personnalités arcachonnaises.

Dans le Blésois[1] !

JLD — Nous voici à La Chaussée-Saint-Victor, ville de notre producteur où, tout jeune, il animait chaque matin une émission à Radio Val de Loire avant de regagner le lycée Philibert-Dessaignes, à Blois, en classe de première.

À la fin de la représentation, une spectatrice me fait remarquer qu'une rue de la commune porte le nom de mon grand-père, Robert Debré. Elle m'exprime surtout son regret que nous n'ayons pas évoqué la première femme dirigeante syndicaliste, Martha Desrumaux (1897-1982), originaire du Nord comme elle.

En réalité, la première femme placée à la tête d'un syndicat féminin pourrait avoir été Marie-Louise Rochebillard (1860-1936). À Lyon, en 1899, elle crée deux syndicats exclusivement féminins, celui des « dames employées de commerce », dont elle prend la présidence, et celui des « ouvrières de l'aiguille lyonnaise » dirigée par Cécile Desvignes,

1. 4 décembre 2022.

qui deviendra plus tard celui des « ouvrières de la soie ».

Chez Cézanne[1]

VB — Aix-en-Provence, la première ville en province où nous allons jouer cinq jours d'affilée, de quoi prendre nos marques.

Nous découvrons la façade du théâtre du Jeu de Paume, empruntons la petite rue à l'arrière, entrée discrète des artistes, porte métallique, Interphone. Un petit écriteau avec nos noms nous souhaite la bienvenue, délicate attention. Nous rejoignons le coin salon, canapés de velours rouge, table basse. Sur le côté, l'espace cafétéria, une brochure sur l'histoire du théâtre, son fonctionnement et le retour, un écran télé qui retransmet la scène.

Le personnel est accueillant, toute une équipe placée sous la direction de Dominique Bluzet. Nous avons même une habilleuse, luxe appréciable. Vue enchanteresse de la salle, un théâtre à l'italienne du XVIIe siècle.

1. 6 décembre 2022.

Le critique de théâtre

VB — Les spectateurs sont venus nombreux et nous les retrouvons comme de coutume à la sortie. Une petite réception de bienvenue nous attend à l'étage du bar du théâtre, les discussions sont chaleureuses.

Un journaliste de *La Provence* s'entretient avec Jean-Louis, puis vient à ma rencontre. Il me félicite, mais critique tout de suite le jeu de scène de Jean-Louis : « Un homme politique ne peut pas faire du théâtre. » Il le trouve un peu « cabotin ».

Il n'apprécie pas les moments où Jean-Louis imite Jacques Chirac et Valéry Giscard d'Estaing, où il prend l'accent aveyronnais ou bordelais quand il interprète un député ou un sénateur de ces régions... Il n'approuve pas non plus les allusions à l'actualité politique, ses railleries sur le « en même temps », le « quoi qu'il en coûte », le « travailler plus pour gagner plus » qui pourtant amusent et ravissent le public depuis que nous jouons cette pièce.

En vérité, c'est la présence de Jean-Louis sur scène qui l'exaspère. Il me complimente en revanche sur mon jeu, sur sa diversité. « On voit bien que vous êtes comédienne, vous », me dit-il, en insistant sur le « vous ». Il s'intéresse à l'écriture de la pièce, aux choix musicaux. Un point cependant le contrarie dont il me fait part : « Pourquoi n'avez-vous pas choisi une chanson d'Anne Sylvestre ? me demande-t-il.

— J'ai souhaité harmoniser les textes des chansons avec nos dialogues. »

Il insiste : « Oui, mais quand même, Anne Sylvestre... »

Je ne lui dis pas que j'ai écouté certaines de ses chansons mais qu'aucune ne me semblait s'inscrire parfaitement dans le spectacle.

J'ajoute que nous avons choisi une chanson de Barbara, une version inédite de « Göttingen » que je chante en français et en allemand.

Quand l'article paraît, le journaliste laissera transparaître son acrimonie à l'égard de Jean-Louis. Après avoir rappelé sa carrière, qu'il résume à la politique, oubliant ses longues années de magistrat, il affirme d'emblée qu'« il n'est cependant en rien un comédien ». Il ne tarit pas d'éloges sur le pianiste dont le jeu « confère au spectacle des allures de voyage lisztien où derrière les mots et les notes se cache l'âme des personnages ». Il lui attribue même la coécriture des chansons. Ce qui n'est pas exact.

Il me félicite, parlant de moi comme d'« une mime de renom », saluant « chez elle plus que son jeu, sa voix ». « Cette virtuose ne surligne jamais le propos de la pièce et se garde d'en illustrer platement les contours », poursuit-il. Mais chacun de ces compliments se termine par des petits piques à l'adresse de Jean-Louis.

Puis deux paragraphes sont consacrés à Anne Sylvestre, « elle qui, deux ans avant la loi Veil, chantait le droit à l'avortement dans "Non, tu n'as pas de nom" et Nathalie Miravette qui fut la pianiste d'Anne Sylvestre... ». Anne Sylvestre, « curieusement absente du spectacle » mais bien présente dans ce bel article.

« L'important n'est pas qu'il prenne du plaisir à me critiquer, c'est son droit le plus strict. L'essentiel est qu'il parle de notre spectacle », commente Jean-Louis, magnanime.

La fertilité des femmes

VB — Sur les réseaux, une certaine Emmanuelle Ugo, que je ne connais pas, fait plusieurs « stories » à propos de notre livre. En juillet 2022, elle m'adresse un SMS me demandant de soutenir sa démarche visant à sensibiliser les jeunes femmes sur la question de l'infertilité et la nécessité de leur recommander un bilan hormonal à partir de trente ans.

« Les centres de santé étant très engorgés, il est souvent trop tard quand elles poussent leur porte », me précise-t-elle. Je lui réponds que je la soutiendrais avec plaisir, mais que je ne pense pas être la personne la plus pertinente pour en parler, n'ayant moi-même pas eu d'enfants...

Emmanuelle est parvenue à ses fins malgré un parcours parsemé d'embûches et grâce à sa rencontre avec Véronique Isnard, cheffe de service de PMA au CHU de Nice. Elle voit en elle du Madeleine Brès, la première Française docteure en médecine qui consacra sa vie à soigner les enfants, à développer des crèches et à s'intéresser au rapport allaitement-nourrisson, le sujet de sa thèse en 1868.

Emmanuelle partage une particularité avec les héroïnes dont nous retraçons l'engagement : elle mène un combat personnel dont l'issue pourrait être utile à toutes les femmes. Elle a raconté son parcours dans un livre, *Les Jumeaux, mon combat*, à travers les péripéties d'une héroïne qui lui ressemble. Un récit sensible et sans tabou sur la réalité de la PMA et sur les progrès de la médecine dans ce domaine. Pour toutes celles qui veulent devenir mères à partir de trente ans.

Emmanuelle suit notre tournée, m'interroge sur les villes où nous allons jouer. Nice ne fait pas encore partie des escales. Quand j'apprends que nous sommes programmés pour une semaine au théâtre du Jeu de Paume à Aix, je l'en avertis, et très rapidement elle réserve des places, pour le 6 décembre, « une date très forte » pour elle, m'écrit-elle, car c'est « le jour où les cellules se sont divisées pour la première fois… et se sont multipliées ».

Nous nous sommes rencontrées lors des dédicaces de notre livre après le spectacle, de manière trop courte. Aujourd'hui, elle continue son combat pour sensibiliser les pouvoirs publics.

En écrivant ces lignes, une question s'impose à moi. Si j'avais été au courant des problèmes d'infertilité des femmes dès l'âge de trente ans, si j'avais moi-même réalisé ce bilan de fertilité, serais-je mère aujourd'hui ? Me reviennent en mémoire les paroles de l'héroïne d'un roman que j'ai écrit. Elle observe un adolescent au milieu d'un groupe de jeunes gens, sur la plage, entre deux marées, et pense : « Il ressemble à cet enfant que je n'aurai jamais, à ce garçon qui fait qu'à chaque plage, un château surgit du sable, disparaît, se reconstruit. »

Stupéfiant !

JLD — Quand je le peux, j'apprécie d'aller dans les collèges ou les lycées pour évoquer l'histoire de la République, parler des institutions et de la laïcité devant les élèves et leur professeur. Je refuse toute présence journalistique, toute publicité, je veux être seul avec eux. Ainsi, le 7 décembre, me voici au lycée Vauvenargues.

Avant la fin de la rencontre, la directrice passe dans le couloir et nous demande de demeurer dans la classe jusqu'à ce qu'elle vienne nous chercher. Elle revient au bout de quelques minutes et me fait sortir par une porte dérobée. Je lui en demande la raison : les revendeurs de drogue sont devant l'entrée de l'établissement et attendent les élèves. Je lui demande si cela est fréquent. « Hélas oui », me répond-elle. Mais visiblement, elle n'est pas désireuse d'en dire plus.

Alerte en régie

VB — Pour pallier les problèmes techniques, nous décidons d'une séance de répétitions cet après-midi, avant la représentation. Malgré une angine et un peu de fièvre – il fait froid à Aix en décembre, cette année –, je mets mon masque et m'installe à la régie pour revoir toute la conduite avec notre nouveau régisseur.

Nous passons en revue les effets et tops du spectacle, soit presque plus de deux heures et trente minutes de travail, avant que je doive me préparer et jouer sur scène. Nous plaisantons, avançons, un peu. J'ai parfois l'impression de me répéter.

« Je ne sais qu'une chose, c'est que je ne sais rien », cette maxime de Socrate reprise par Platon dans le *Ménon* ne semble pas être la devise des nouvelles générations de régisseur. À peine quelques petites années de métier et « ils savent ».

Seulement, la régie n'est toujours pas au point. J'essaye de comprendre pourquoi et l'interroge sur la manière dont il suit le texte pour envoyer les effets au bon moment.

En fait, les indications sont sur sa console et la conduite du spectacle sur une feuille à part. Le texte du spectacle est resté dans sa chambre d'hôtel.

Je lui avoue ne pas comprendre sa façon de travailler.

Il se vexe, se lève et m'annonce qu'il en a marre et s'en va. Je tente de le retenir, de m'excuser, mais rien n'y fait. Nous jouons dans deux heures et n'avons plus de régisseur.

Alerte en régie !

Nous échangeons par téléphone avec le metteur en scène et le producteur qui s'efforcent de le raisonner à distance.

Quelques minutes avant le début de la représentation, le théâtre m'informe qu'il est en place en régie. Et le spectacle peut commencer, comme si de rien n'était !

« Et Louise Colet ? »

JLD – Nous avons tenté une expérience en donnant une représentation en fin de matinée à 11 heures, pour un public qui hésite à sortir le soir. J'étais assez sceptique, mais il était au rendez-vous dont de nombreux étudiants avec lesquels nous avons discuté longuement à la sortie.

Une jeune femme nous fait courtoisement remarquer que nous n'avons pas mentionné l'action féministe de l'Aixoise Louise Colet. Poète, romancière, dramaturge, auteure de biographies ou de récits de voyage, elle a fréquenté les écrivains les plus importants de son époque. Installée à Paris, son salon littéraire était fréquenté par Victor Hugo, Alfred de Musset, Alfred de Vigny...

Engagée aux côtés des fouriéristes, Louise Colet (1810-1876), dans une abondante œuvre littéraire, a effectivement défendu la cause des femmes pour « leur faire comprendre ce qu'il faut dire, ce qu'il faut faire, ce qu'il faut exiger [...] pour qu'elles ne soient pas éternellement des machines à plaisir et à reproduction de l'espèce ! », comme elle l'a écrit dans une lettre à l'avocat et politique Désiré Bancel le 21 mai 1850.

Confidence pour confidence

VB — Quand je reçois le sympathique message de Paule Constant venue nous applaudir, je me souviens de *Confidence pour confidence*, ce livre qui lui a valu le prix Goncourt.

Nous la retrouvons à déjeuner le lendemain et évoquons avec elle le théâtre, la littérature... Tombée sous le charme d'Aix il y a presque un demi-siècle, elle nous entraîne ensuite à la découverte de la place d'Albertas, de la Halle aux grains, de la tour de l'Horloge place de l'Hôtel-de-Ville...

La visite se termine dans son appartement au premier étage d'un hôtel particulier du XVIIe siècle peuplé de tableaux, de souvenirs d'Afrique où elle a vécu avec son mari, le professeur Auguste Bourgeade, spécialiste des maladies infectieuses et tropicales.

Les livres ont envahi son appartement, empilés les uns sur les autres, dans toutes les pièces. Paule ne les jette pas, elle les conserve comme autant de promesses d'évasion, de voyages. Nous l'interrogeons sur ses projets d'écriture et elle m'offre son dernier ouvrage.

La mascotte

VB — Lors de notre dernière représentation, le Fonds social juif unifié a réservé de nombreuses places pour ses membres venus de Marseille. Une réception est organisée au foyer du théâtre où nous pouvons nous entretenir avec les membres de l'association.

Elsa Charbit, l'initiatrice de cette rencontre, m'offre « Marcel », un ourson en peluche vendu au profit de l'association, à l'occasion de la trentième édition de la Tsédaka FSJU. Je l'appelle « Marcelline », notre mascotte désormais.

Il n'y a pas que le nougat, à Montélimar[1] !

JLD — Après avoir répété avec Valérie sur la scène du théâtre Émile-Loubet et en attendant l'heure de la représentation, je vais marcher pour me détendre. Passant devant un restaurant, je suis interpellé par un inconnu qui en sort précipitamment : « Je vous ai reconnu et, en vous voyant, j'ai eu une idée. Voilà, ma mère aura cent ans demain. C'était une admiratrice de Chirac et elle vous aime bien. Accepteriez-vous de lui faire une surprise qui lui fera un immense plaisir et de me permettre d'enregistrer une petite vidéo où vous lui souhaiteriez un excellent anniversaire ? »

J'ai naturellement adressé mes vœux à cette dame en imitant la voix de Chirac, ce qui a beaucoup fait rire son fils. Pour me remercier, il a laissé ouvert son établissement, ce qui nous a permis d'y aller dîner après notre représentation.

Retour sur scène. Quatre cents personnes ont bravé les premiers flocons de neige et surtout

1. 13 décembre 2022.

manqué un match de Coupe du monde de football pour s'installer dans les fauteuils en velours rouge et assister à notre spectacle. Beaucoup de chaleur dans le public et, comme souvent, de belles rencontres à la sortie.

À Montélimar, un souvenir m'est revenu en mémoire. Au temps où mon père était Premier ministre, à la maison, lors des fêtes de Noël et de fin d'année, nous recevions des boîtes de chocolats, de bonbons, des gâteaux ou friandises... Joie pour mes frères et moi qui nous goinfrions au point que ma mère était parfois contrainte de les cacher pour nous éviter d'être malades. Puis un jour, plus rien ou presque. « Maman, il n'y a plus ces grosses boîtes de chocolats ? lui avais-je demandé.

— Tu sais, m'avait-elle répondu, ton père n'est plus à Matignon ! »

Avec son départ du gouvernement, les courtisans étaient partis courtiser ailleurs, et bien des « amis » manifestaient leur amitié à d'autres. Mais un militant gaulliste de Montélimar, en dépit des vicissitudes de la vie politique, continuait à témoigner à mon père de sa reconnaissance et de sa fidélité. Chaque année, il adressait ses vœux à mes parents, agrémentés d'une boîte de nougats dont nous profitions avec gourmandise.

À son retour au gouvernement comme ministre de l'Économie et des Finances, l'un des premiers déplacements de mon père fut de se rendre à Montélimar, pour remercier ce militant qui ne l'avait jamais oublié. Ministre de l'Intérieur, je suis venu inaugurer le commissariat de police le 16 octobre 1995 en compagnie du député-maire Thierry Cornillet, j'ai souhaité rencontrer ce militant mais hélas je n'ai pas réussi à le retrouver.

Quelles satisfaction et récompense quand *Le Monde* en date du 26 décembre publie l'article sympathique de Vanessa Schneider consacré à notre aventure théâtrale ! Ce quotidien n'a jamais fait preuve de complaisance particulière à mon égard lorsque j'assumais une fonction politique.

Rien à déclarer[1] ?

JLD — À l'issue de la représentation au théâtre Sylvia-Monfort de Saint-Brice-sous-Forêt, notre producteur Olivier Kaefer a tenu à nous inviter à dîner dans l'un des rares restaurants ouverts à cette heure, celui du casino d'Enghien-les-Bains.

À l'entrée de l'établissement, je passe sous un portique de sécurité, il se met à sonner. Je vide mes poches, repasse. Fausse alerte.

Ce soir-là, nous sommes accompagnés d'un fonctionnaire de police. Lorsqu'il passe à son tour sous le portique, la sonnerie retentit de nouveau. Il montre ses clefs et le préposé, comme beaucoup de gens font la queue pour entrer, ne lui demande pas de faire demi-tour et de repasser sous le portique. Or, il est porteur d'une arme et c'est donc ainsi équipé qu'il pénètre dans le casino, sans que personne s'en aperçoive.

Finalement, comme cet endroit ne me plaît guère, nous rebroussons chemin et trouvons une brasserie aux alentours. À peine assise, une dame,

1. 6 janvier 2023.

dont je connais le fils, vient me saluer. Elle se présente comme faisant partie de la direction du casino. Je lui raconte donc ce qui vient de nous arriver et la manière dont une personne armée s'est introduite dans l'établissement. Elle s'excuse, semble contrariée.

Plus tard, on me fera savoir que la sécurité a été « sensibilisée », comme on dit, à ce qu'il s'est passé.

Chez les cocos[1]

JLD — Invité à présenter « Ces femmes qui ont réveillé la France » au théâtre de Saint-Amand-les-Eaux, je retrouve avec plaisir Alain Bocquet, maire de la commune. Député du Nord quand j'étais élu de l'Eure, président du groupe communiste à l'Assemblée alors que j'en assumais la présidence, nous avons toujours entretenu des relations très cordiales. Nous ne partagions pas le même engagement politique, mais nous dialoguions facilement.

Il m'avait déjà convié le 13 février 2019 à Saint-Amand pour venir inaugurer une exposition sur

1. 8 mars 2023.

Marianne et prononcer une conférence sur le thème de la République.

Durant le dîner qui avait suivi, j'étais assis à côté du nouveau secrétaire général du Parti communiste, Fabien Roussel. Arrivé à ce poste en novembre 2018, Roussel devait donner une nouvelle image de ses camarades. Je ne le connaissais pas et il m'est apparu d'un commerce agréable, mais bien dans la lignée de nombre de militants communistes avec leur langue de bois et leur « y a qu'à » dans le combat contre la « finance internationale ».

À un moment, je l'ai entendu vanter l'action du PCF dans la Résistance, et n'ai pas pu m'empêcher de le reprendre : « De communistes, oui. Du Parti lui-même avant la rupture du pacte germano-soviétique, c'est moins sûr.

— Vous n'allez pas vous y mettre vous aussi », m'a-t-il retorqué, agacé, avant de se lancer dans une courte tentative de justification peu convaincante puis de changer de sujet.

Il s'était alors dit favorable, lors des élections, à la prise en compte des votes blancs et nuls dans les suffrages exprimés. Je lui avais expliqué à quel point cette idée serait une erreur politique. En effet, les voix obtenues au second tour par leur adversaire et la prise en compte dans les suffrages exprimés des votes blancs et nuls démontreraient que l'élu ne représentait qu'une minorité d'électeurs. Il serait légitimement élu mais risquerait politiquement d'être contesté. Cet argument n'a pas eu l'air de beaucoup l'inquiéter.

Après le spectacle d'aujourd'hui, Alain Bocquet organise une réception avec ses amis et camarades, qui se prolonge tard dans la soirée, dans une ambiance chaleureuse. Je retrouve Fabien Roussel à cette occasion. Il est devenu entre-temps une personnalité médiatique. Il sait parfaitement attirer l'attention de la presse et se servir des médias. Il est tel que je l'avais perçu quelques années auparavant. S'il n'était pas communiste, on pourrait, selon le dicton populaire, « lui donner le bon Dieu sans confession ». Mais il ne faut jamais se laisser aller à ce genre d'illusions en politique !

Le lendemain, nous visitons, sous la conduite d'Alain Bocquet, le Centre de recherche sur l'émancipation féminine dans l'histoire et dans le monde installé dans la maison natale de Louise de Bettignies, héroïne méconnue de la Première Guerre mondiale.

Sous le pseudonyme d'Alice Dubois, elle organisa un réseau de renseignement pour lutter contre l'armée allemande et indiquer aux Anglais les positions ennemies. Arrêtée le 20 octobre 1915 et incarcérée à Bruxelles puis près de Cologne, elle retrouva en détention d'autres femmes résistantes, dont Léonie Vanhoutte, Marie de Croÿ ou Louise Thuliez...

Autour du bassin d'Arcachon[1]

JLD — La salle municipale de Lège-Cap-Ferret s'est révélée trop petite : il a fallu au dernier moment ajouter des chaises. Il faut reconnaître que Philippe de Gonneville, le maire, et la municipalité ont bien fait les choses en mettant en place une formidable campagne publicitaire pour annoncer le spectacle.

Dans le public, nous remarquons avec surprise Pierre-Olivier Sur, l'ancien bâtonnier des avocats parisiens, un habitué du Cap-Ferret, accompagné d'Élisabeth et Benoît Bartherotte dont les démêlés avec l'administration et la justice sont ici bien connus.

1. 28 avril 2023.

VB — Le portrait de la duchesse d'Uzès est une respiration dans le spectacle. Un duo original où je réponds en mime aux commentaires verbaux de Jean-Louis.

La duchesse d'Uzès était l'arrière-petite-fille de Barbe-Nicole Clicquot-Ponsardin, plus connue sous le nom de la « Veuve Cliquot », la célèbre maison de champagne.

J'entre en scène au son d'un bouchon de champagne qui saute et porte un toast, munie d'une coupe de champagne, réelle mais vide, que je brandis vers le public, bois et repose sur le piano. Un effet comique qui provoque des rires qui redoublent quand Jean-Louis ajoute ce soir : « Et pourtant ce n'est pas du bordeaux ! »

J'assume une duchesse un peu « pompette » pour les besoins de la scène, j'accentue le tangage du corps avant qu'elle ne reçoive du préfet, interprété par Jean-Louis, son certificat de capacité pour la conduite à l'âge de cinquante et un ans.

Pourtant je ne voudrais pas qu'elle ne soit assimilée qu'à cette seule frivolité.

La duchesse d'Uzès, née Anne de Rochechouart de Mortemart en 1847, a défendu la condition des femmes et milité pour qu'elles obtiennent le droit de vote. Militante farouche pour l'égalité, elle cosignera avec Jeanne Schmahl et Juliette Adam le manifeste du Conseil national des femmes françaises pour qu'une femme mariée puisse « jouir de son salaire personnel ». Et des années de luttes seront nécessaires pour aboutir à la proposition de loi du 13 juillet 1907 ; même si, dans les faits, il faudra attendre 1965 pour qu'une femme puisse disposer librement du fruit de son travail.

Passionnée d'automobile, la duchesse d'Uzès n'admettait pas l'interdiction des femmes à l'Automobile Club de France. En réponse à ce sexisme, elle fonda en 1926, à l'âge de soixante-dix-neuf ans, l'Automobile Club féminin, qu'elle présida jusqu'à sa mort.

Quel destin et quelle force de caractère, derrière ces bulles de champagne !

JLD – À l'issue du spectacle, le public nous réserve un merveilleux accueil. Un monsieur me lance en sortant : « Vous m'avez bluffé » et déclare que « Valérie chante bien ».

Le lendemain, à Lacanau, le maire, Laurent Peyrondet, et la municipalité organisent un verre de l'amitié avec le public après la pièce, moment convivial, une rencontre comme Valérie et moi les apprécions. C'est fou ce que l'on boit, dans la région de Bordeaux !

« Li Beirut[1] »

JLD — Invités à Beyrouth par Câline Daher, responsable de l'École supérieure des affaires, nous avons accepté de jouer bénévolement afin que la recette permette de financer des bourses pour de jeunes femmes libanaises qui souhaitent étudier dans cet établissement.

L'accueil du public est particulièrement chaleureux, et les témoignages de sympathie pour la France que nous recevons sont inoubliables et émouvants.

VB — Nous déjeunons avec les « femmes influentes de Beyrouth » dans la salle du restaurant de l'ESA.

1. 18 mai 2023.

Elles sont très lucides sur la situation de leur pays, mais pleines d'espoir quant à son avenir. De la volonté, ces femmes en ont besoin chaque jour.

J'échange longuement avec Ray Bassil, championne de tir à la carabine, qui a fondé une association d'aide financière aux athlètes. Selon ses dires, l'argent octroyé par l'organisation des jeux Olympiques aurait été détourné par la fédération libanaise. Les athlètes n'ont donc plus les moyens de s'entraîner. De surcroît, le comité olympique ayant mis au ban cette même fédération, les sportifs ne peuvent plus représenter leur pays lors des prochaines compétitions. C'est pourquoi elle s'est mobilisée afin de tenter de récolter des fonds.

Une autre femme évoque le statut particulier et tout à fait inégalitaire dont sont victimes ses compatriotes libanaises qui épousent des étrangers. Les enfants de mère libanaise issus de telles unions ne peuvent obtenir la nationalité du pays. Cette mesure aurait été mise en place par le gouvernement pour contenir l'immigration palestinienne au Liban.

Au sein de ce groupe de « femmes influentes », les positions divergent, les époux de certaines d'entre elles ayant joué un rôle dans la banqueroute de l'État libanais. Le quotidien des uns est très éloigné d'une population qui survit avec difficulté.

La foi en l'avenir du Liban qui les anime est émouvante. Je ne sais que leur répondre quand elles me font part de leur déception quant à la faiblesse de l'engagement de la France auprès du peuple libanais, pourtant si attaché à la culture et la langue françaises.

Je pense alors à la chanteuse Fairuz, et son cri d'amour au Liban et à la ville de Beyrouth, « Li Beirut ».

JLD — Le lendemain, toujours à l'ESA, nous participons à un dîner de bienfaisance destiné à recueillir des fonds pour aider l'école. Passant de table en table pour saluer les convives, l'un d'entre eux me dit : « Il faut que vous rencontriez le patriarche. » Je n'y suis pas opposé. Il ajoute alors : « Je vais m'en occuper. »

C'est ainsi que, le 20 mai 2023, je suis reçu par Bechara Boutros Rahi, le soixante-dix-septième patriarche maronite d'Antioche et de tout l'Orient depuis mars 2011.

Il semble croire que j'exerce une influence sur le président Macron et que je joue encore un rôle politique en France.

« Il faut débarrasser le Liban du Hezbollah. C'est essentiel », me répète-t-il à plusieurs reprises.

Je lui demande : « Qui doit agir en ce sens ? Qui gouverne véritablement le Liban ? »

Il esquive mes questions, me répond seulement : « La France, si elle le veut, peut nous aider à chasser le Hezbollah. D'ailleurs, je vais aller le dire au président Macron prochainement. »

Parmi toutes les personnalités rencontrées, aucune n'a pu répondre avec précision à cette question. Entre les « grandes » familles, les religions, les mafias, le Hezbollah... la confusion est totale. Mais la crise économique n'a pas l'air de préoccuper plus que cela le patriarche.

Toutes me font part de leur inquiétude à propos de l'avenir et du manque de soutien de la France, ainsi que de leur déception vis-à-vis la politique de Macron à leur égard. « Il est venu, nous a fait la leçon, a tout promis, et rien n'a suivi... », me confie l'un d'entre eux avec tristesse.

Le lendemain, après avoir visité le magnifique et impressionnant site de Byblos, au nord de Beyrouth, nous nous arrêtons à Amchit devant le buste d'Ernest Renan, non loin de la maison où sa sœur Henriette est décédée le 24 septembre 1861.

Renan est venu plusieurs fois au Liban. Je pense alors à la conférence qu'il donna à la Sorbonne le 11 mars 1882 sur le thème « Qu'est-ce qu'une nation ? » : « C'est une âme, un principe spirituel, [...] le désir de vivre ensemble, la volonté de continuer à faire valoir l'héritage que l'on a reçu indivis. » Espérons que les Libanais partagent encore une même espérance, car l'homme, pour Renan, n'est esclave ni de sa race, ni de sa langue, ni de sa religion...

Je me souviens aussi avec émotion de mon père, à la fin de son discours enflammé aux assises de l'UNR à Bordeaux en 1959, s'écriant en citant ce même Renan : « l'existence d'une nation est un plébiscite de tous les jours », ajoutant : « pour respecter autrui, pour accepter la loi de la majorité, il est nécessaire qu'existe entre citoyens ce sentiment de solidarité qu'est le sentiment national ».

Lorsque j'ai soutenu ma thèse « Sur les idées constitutionnelles du général de Gaulle » et été reçu au doctorat en droit public avec la mention « très bien » et les félicitations du jury, mon père m'a offert un exemplaire numéroté (1103. HP) de « Qu'est-ce qu'une nation ? ». Cet exemplaire lui avait été donné par son père en 1934, quand il avait été reçu major au concours d'auditeur au Conseil d'État.

À l'horizon[1]

JLD — J'ai hésité à accepter l'invitation d'un responsable d'Horizons, le parti d'Édouard Philippe, afin d'évoquer, en visioconférence, pour ses adhérents, la Constitution de la Vᵉ République.

Je n'ai plus envie de prendre part à la vie d'un parti politique, quel qu'il soit. Mais je veux défendre les institutions de la Vᵉ République que l'on ne cesse d'abîmer, de dégrader.

Nous n'avons plus de représentations au théâtre jusqu'à la fin septembre. Je vais donc profiter de

1. 28 juin 2023.

cet interlude pour rencontrer Édouard Philippe que je ne connais pas bien. Nous avons dû nous croiser deux ou trois fois, tout au plus.

Ainsi, je le retrouve au siège d'Horizons avenue d'Iéna, à Paris, l'ancien quartier général de la campagne présidentielle de Chirac de 1995. Édouard Philippe vient me saluer et me remercie d'être là.

Notre entrevue dure à peine dix minutes. C'est peu dire qu'il ne se montre pas très chaleureux. Je lui demande son sentiment sur la situation politique en France. Il est prudent, reste sur la réserve, mais ne me paraît guère optimiste.

Curieuse personnalité ! Il semble nourrir de grandes ambitions. Mais a-t-il un charisme suffisant pour cela ? Pince-sans-rire, sa grande taille en impose mais son attitude distante n'incite pas à se mobiliser pour lui.

Briguer la présidence de la République – je l'ai constaté avec Chirac – requiert une énergie et une combativité de chaque instant. Je ne les perçois pas vraiment chez Édouard Philippe. Il est vrai que l'élection présidentielle n'aura lieu qu'en 2027. Il a encore du temps pour s'y préparer, et personne n'est capable de prédire ce qui se passera d'ici là. La seule certitude est que, avec la constitution de son parti politique, il s'est doté des moyens nécessaires pour préparer cette échéance. Et à ce jour, il fait partie des prétendants sérieux à la succession d'Emmanuel Macron.

L'après-Macron va bientôt sonner et la tâche s'annonce difficile pour les successeurs de son camp, le macronisme ayant été un leurre qui ne survivra pas au départ de son héros. La France sera à réparer, les finances à restaurer, l'hôpital public à sauver, le sentiment national à reconstruire, la confiance à l'égard des dirigeants politiques à redonner.

Il n'y a pas que les Bêtises, à Cambrai[1]

JLD — Nous sommes accueillis devant le théâtre de Cambrai par Jacques Legendre, ancien député du Nord, ancien Sénateur. Maire de la ville pendant

1. 23 septembre 2023.

quinze ans, de 1977 à 1992, il fut aussi secrétaire d'État dans les gouvernements de Raymond Barre.

Marguerite-Marie Machut, l'organisatrice de notre venue, est satisfaite. Plusieurs « sponsors » ont acheté chacun une centaine de places pour la soirée. La mairie et l'agglomération se sont bien mobilisées pour attirer du monde. Nous nous produisons au profit de l'association « Alphabet Bozua-Mini-Se » créée il y a cinq ans pour permettre la scolarisation de filles et garçons au Burkina Faso.

Ce soir, au moment où Valérie évoque les efforts des Boucicaut pour moderniser le commerce en France et mieux accueillir la clientèle étrangère en faisant apprendre l'anglais au personnel du Bon Marché – ce qui est une petite révolution dans les pratiques de l'époque –, j'en profite pour faire allusion au voyage officiel du roi d'Angleterre.

À la sortie de notre représentation, un spectateur me demande si je ne suis pas choqué par le faste de la visite de Charles III en France alors que nous traversons une crise économique et que bien des ménages rencontrent des difficultés pour boucler leurs fins de mois. Je lui réponds que c'est une tradition française de bien traiter ses hôtes étrangers. Mais peut-être a-t-on manqué de discernement en organisant à Versailles un dîner officiel aussi dispendieux.

Ce qui m'a paru le plus comique, c'est de l'avoir reçu le 20 septembre, précisément la veille du jour où, en 1792, la Convention nationale a décrété l'abolition de la royauté dans notre pays. Délicate attention !

Je ne sais si les services officiels l'ont fait exprès quand ils ont fixé la date. À moins que Macron, en bon républicain, n'ait voulu, à Versailles, en présence du roi Charles, célébrer l'abolition de la monarchie en France et l'avènement, le 22 septembre 1792, de la Ire République !

Je fais remarquer à mon interlocuteur que le 20 septembre est aussi l'anniversaire de la bataille de Valmy. Les armées des grandes monarchies européennes, coalisées autour de l'Autriche et de la Prusse, entendaient marcher sur Paris pour sauver le trône de France, mais elles furent défaites par les soldats des généraux Kellermann et Dumouriez.

Le roi d'Angleterre, là encore, a dû apprécier !

Engagez-vous[1] !

JLD – Émotion de se retrouver dans la ville où Jean Moulin a été arrêté par la Gestapo le 21 juin 1943. Nous y avons été conviés pour une représentation ainsi qu'une discussion organisée dans le cadre des « Entretiens Jean Moulin » de Caluire-et-Cuire, sur le thème : « Engagez-vous ! »

Victor Bosch, le directeur du théâtre local, le Radiant-Bellevue, attendait environ 500 spectateurs, il en est venu 1100. La salle est pleine. Au milieu, j'aperçois le maire Philippe Cochet, ancien député.

Après le spectacle, depuis la scène, un dialogue s'engage avec le public. On nous interroge sur la pièce, sur les compositrices dont le pianiste Christophe Dies joue des partitions tout au long du spectacle. Nous nous y prêtons bien volontiers même si nous préférons une discussion à la sortie où les spectateurs restent avec leurs émotions et évitent généralement les questions d'ordre politique.

1. 28 septembre 2023.

L'égalité, me demande-t-on, a-t-elle une valeur juridique et constitutionnelle aujourd'hui ?

Je lui précise que la liberté et l'égalité furent posées comme principe en France dans l'article premier de la Déclaration des droits de l'homme et du citoyen de 1789. À l'avènement de Napoléon, cette devise n'est naturellement plus à l'ordre du jour.

Elle réapparaît officiellement le 27 février 1848 avec la IIe République, et surtout après 1879 avec la IIIe. Elle est gravée au fronton des édifices publics à l'occasion de la célébration du 14 juillet 1880. Après la Libération, elle est de nouveau inscrite dans la Constitution de 1946, puis dans celle de 1958.

Le préambule de la Constitution de la Ve République mentionne l'attachement du peuple français « aux droits de l'homme et aux principes de la souveraineté nationale tels qu'ils ont été définis par la Déclaration de 1789, confirmée et complétée par le préambule de la Constitution de 1946 ». Ainsi, le principe de l'égalité a une valeur juridique. Le Conseil constitutionnel et le Conseil d'État l'ont rappelé dans de nombreux arrêts ou décisions.

Placée entre la liberté et la fraternité, l'égalité apparaît comme une véritable clef de voûte républicaine. Le principe d'égalité éclaire celui de liberté. Il guide le chemin vers l'épanouissement de la liberté. Que serait la liberté sans égalité, si certains pouvaient en bénéficier et pas d'autres ? Que serait la fraternité sans cette recherche d'égalité ? Probablement une sorte de condescendance charitable.

VB — Au cours du débat, répondant à une question, Jean-Louis critique les réseaux sociaux. Une jeune femme se lève alors pour prendre la parole et contester son jugement.

J'interviens pour tempérer son propos. Bien sûr, les réseaux sociaux et Internet sont devenus des outils incontournables qui régentent notre vie aujourd'hui. Mais à charge pour chacun d'en faire un usage raisonnable.

Évidemment, ces outils représentent une avancée incroyable. Il n'y a pas si longtemps, faire des vidéos ou des montages était complexe et coûteux. Les générations actuelles qui, en quelques clics, ont accès à des applications très faciles d'utilisation ne peuvent pas imaginer que ces outils étaient presque réservés aux professionnels...

Jean-Louis préfère mettre en garde contre les abus, sans être hostile pour autant à toute forme de progrès. Nous cherchions jadis les moyens pour réaliser nos rêves, desormais on cherche à nous les dicter. Nos données recueillies par ces réseaux, les algorithmes qui nous analysent pistent la moindre de nos envies. Et les dérives liées à l'introduction de l'intelligence artificielle n'en sont qu'à leurs balbutiements. Me revient cette phrase sur les nouvelles technologies et leurs dangers : « Si c'est gratuit, c'est toi le produit. »

Christophe intervient. Il reconnaît être adepte des réseaux, mais se rend compte que les jeunes ont de plus en plus de difficulté à focaliser leur attention durablement, ce qu'il remarque notamment lorsqu'il donne des cours de piano.

Une autre spectatrice nous interroge sur le choix particulier de ces femmes pianistes pour la musique.

Si les compositrices étaient reconnues à leur époque, l'histoire de la musique les a occultées pour la plupart.

Hélène de Montgeroult, par exemple. Elle était la seule femme professeure au Conservatoire de Paris, avant de tomber dans l'oubli au XIXe siècle. Elle a écrit une méthode pour piano connue dans toute l'Europe, méthode plagiée par nombre d'hommes qui ne l'ont jamais citée !

Vous nous manquez[1] !

JLD — Évreux, au milieu d'un public chaleureux, j'aperçois et je reconnais bien des visages familiers. Après la représentation, nous demeurons un long moment à bavarder, prendre des photos avec les uns et les autres, rappeler des souvenirs, dédicacer des livres.

« Tu te souviens, me rappelle un militant, quand tu avais, je ne sais plus pour quelle élection, organisé une grande réunion publique et fait venir Chirac ? Il n'était pas encore président. Et à cette occasion, le chanteur Daniel Guichard devait entonner à la fin “La Marseillaise”. Mais en attendant d'entrer en scène après le discours de Chirac, il avait un

1. 10 octobre 2023.

peu trop abusé du calva et était complètement ivre ! Il ne tenait pas debout et était incapable de chanter. Tu étais furieux, nous, on s'est bien marrés... »

« Vous avez bien fait de quitter la politique, c'est n'importe quoi, aujourd'hui, vous nous manquez », me lance une ancienne élue. Je l'approuve. Elle ajoute : « J'étais certaine que nous serions du même avis. » Elle insiste toutefois, cherche à me faire parler de Macron. Mais ce n'est pas le lieu et je suis obligé de le lui dire. Elle s'éloigne, déçue.

Alors que je lui dédicace notre livre *Ces femmes qui ont réveillé la France*, un sympathisant communiste d'Évreux que je connais bien me demande : « Quelle est la différence entre Macron et une étoile filante ? » Sans me laisser le temps de répondre, il ajoute : « Aucune, ça brille mais ça ne laisse aucune trace. » Je souris, lui remets le livre sans rien dire, mais, visiblement heureux de sa formule, il s'en va.

Bien souvent, et pas seulement à Évreux, je suis le confident de mes interlocuteurs, de l'expression d'un double sentiment. À la fois celui d'une nostalgie, parfois exagérée, d'un certain passé, et celui d'une inquiétude, d'une désespérance vis-à-vis de l'avenir qui se dessine pour leurs enfants et pour notre pays. À cela s'ajoutent fréquemment le rejet de la classe politique dans son ensemble, de certains ministres en particulier, et une déception, pour ne pas dire plus, suscitée par l'actuel président de la République.

J'ai connu une période où Chirac était impopulaire, mais je n'ai jamais perçu envers lui un tel ressentiment, une telle marque d'inimitié personnelle. Et plus le temps passe, plus ce phénomène me semble s'amplifier.

Parfois, je tente de rassurer ceux qui viennent s'adresser à moi en citant le philosophe Alain pour qui « le pessimisme est d'humeur ; l'optimisme est de volonté ».

« Dans quel monde vivront nos enfants et petits-enfants ? », m'interpelle ainsi une spectatrice en sollicitant une dédicace. Pendant que je dessine une Marianne sur la première page du livre, elle me dit son anxiété face au développement de la drogue à Évreux. Il est vrai que, il n'y a pas longtemps, les gendarmes ont arrêté des individus et ont trouvé lors des perquisitions une importante quantité de stupéfiants ainsi qu'un fusil et des munitions. Plus récemment, deux hommes ont été tués par balle dans le quartier de la Madeleine. Ce n'est pas la première fois que j'entends cette angoisse face à la montée de ce fléau, et pas seulement à Évreux.

Nombre de spectateurs ou spectatrices manifestent ainsi un besoin de livrer à l'ancien député et maire que je suis leurs doutes, leurs inquiétudes. Ils ne s'en privent pas et j'en suis satisfait. Le rôle de l'élu est justement de savoir écouter ses administrés, de percevoir et comprendre leurs attentes en dehors de toutes considérations politiques. Je suis heureux de renouer ce dialogue que j'ai toujours privilégié dans mes fonctions de conseiller général du canton de Nonancourt, de député de l'Eure et de maire d'Évreux. On s'adresse plus facilement à son maire qu'à son député, à son élu local qu'à son élu national. Cette réforme de 2014 qui interdit le cumul de la fonction de député ou de sénateur avec un mandat de maire ou d'un exécutif local est une aberration politique, si ce n'est démocratique !

Où sont les hommes ?

JLD – À l'issue de la représentation, un spectateur ébroïcien me fait cette remarque : « Dans votre pièce, vous ne donnez pas une image très positive des hommes, notamment politiques… et pourtant vous avez été l'un d'eux. »

Surpris, je lui réponds que nous avons seulement choisi quelques personnages qui se sont opposés à l'égalité des droits civils et civiques. Mais il est exact que beaucoup de personnalités masculines ont accompagné ces combattantes de l'égalité que nous évoquons.

Ainsi Condorcet qui, dans un article daté du 3 juillet 1790 publié dans le *Journal de la Société de 1789*, s'était prononcé en faveur de l'accès des femmes « au droit de la cité ».

François Barthélemy Arlès-Dufour (1797-1872), industriel lyonnais, saint-simonien convaincu, s'était signalé à son tour pour son engagement au service de cette cause. C'est grâce à ses démarches auprès de l'impératrice Eugénie que Julie-Victoire

Daubié avait pu finalement obtenir son diplôme de bachelière. Avec elle, il fonda en 1871 l'« Association pour l'émancipation progressive de la femme » destinée à lutter contre la prostitution et à réclamer le droit de vote pour les femmes. Féministe et militant convaincu, il avait lors de son mariage, en 1824, par souci d'égalité, accolé le nom de son épouse au sien.

On doit aussi rendre hommage à Léon Richer (1824-1911), journaliste et libre-penseur qui milita activement pour l'émancipation des femmes. Il était considéré par Hubertine Auclert, la première à avoir utilisé le mot « féminisme », comme le « père du féminisme ». En 1870, il créa avec Maria Deraismes, première républicaine franc-maçonne, l'« Association pour le droit des femmes » et publia le journal éponyme, entre 1869 à 1891, qui devint *L'Avenir des femmes* entre 1871 et 1879.

Victor Hugo, député de 1848 à 1851 et en 1871, sénateur de janvier 1876 jusqu'à sa mort en 1885, fut aussi un défenseur ardent de l'égalité entre les sexes. « Il est douloureux de le dire : dans la civilisation actuelle, il y a une esclave, écrit-il le 8 juin 1872 à Léon Richer. Cette esclave, c'est la femme.

L'homme a chargé inégalement les deux plateaux du Code, il a fait verser tous les droits de son côté et tous les devoirs du côté de la femme. De là un trouble profond. De là la servitude de la femme. Dans notre législation, la femme ne possède pas, elle ne témoigne pas en justice, elle ne vote pas, elle ne compte pas. Il y a des citoyens, il n'y a pas de citoyennes. C'est là un état violent : il faut qu'il cesse. Une société est mal faite quand l'enfant est laissé sans lumière, quand la femme est maintenue sans initiative, et l'on reconnaîtra qu'il est difficile de composer le bonheur de l'homme avec la souffrance de la femme. »

La France n'a pourtant pas été pionnière sur ce sujet.

En 1901, Fernand Gautret, député républicain indépendant de la Vendée, dépose une proposition de loi en vue d'accorder le droit de vote aux femmes « majeures, célibataires, veuves ou divorcées ». Et dans l'exposé, il écrit ceci : « La lutte des sexes remplaçant la lutte des classes... voilà le résultat de notre triomphal et brutal égoïsme ! Nous sommes les parvenus de la liberté, de l'égalité... » La Chambre des députés repousse sa proposition.

En 1906, nouvelle proposition de loi à l'initiative de Paul Dussaussoy, député républicain libéral du Pas-de-Calais. Mais ce dernier décède avant d'avoir pu la faire aboutir. Elle est reprise en 1909 par des députés.

Dix ans sont alors nécessaires pour que cette proposition limitant le droit de vote féminin aux élections locales soit enfin votée le 20 mai 1919 par les députés. (Entre-temps, en 1916 et après la Première Guerre mondiale, Maurice Barrès a proposé de l'accorder seulement aux veuves et mères de soldats tués à la guerre.)

Mais le Sénat en diffère l'examen, au motif que les mains des femmes ne sont pas faites « pour le pugilat de l'arène publique »... mais « pour être baisées dévotement quand ce sont celles des mères, amoureusement quand ce sont celles des femmes et des fiancées... Séduire et être mère, c'est pour cela qu'est faite la femme », soutient Alexandre Bérard, sénateur de l'Ain.

Au moment du Front populaire, en 1936, grande fut l'espérance qu'enfin les femmes aient accès aux droits civiques. Mais elle fut vite déçue. Certes, trois femmes, Cécile Brunschvicg, Irène Joliot-Curie et Suzanne Lacore, entrent dans le premier gouvernement de Léon Blum, mais elles ne sont que sous-secrétaires d'État et placées sous l'autorité d'un ministre de tutelle.

En ce qui concerne le droit de vote des femmes, si les députés le reconnaissent en juillet 1936, le Sénat refuse d'examiner cette question.

Il faudra l'ordonnance de 1944 signée par le général de Gaulle pour que les femmes, qui se sont illustrées par leur courage dans la Résistance, puissent, aux mêmes conditions que les hommes, enfin devenir électrices et éligibles à toutes les élections.

Mais avant même que les Françaises n'acquièrent le droit de voter et d'être élues, Marthe Simard devient membre de l'Assemblée consultative provisoire, qui siège à Alger du 3 novembre 1943 au 25 juillet 1944. Désignée par le général de Gaulle, elle représente les mouvements de résistance extérieure.

Pourquoi avoir tant tardé ?

Passons sur ceux qui croyaient à la supériorité de l'homme sur la femme. Même si, au fil du temps, ils n'osaient plus guère l'affirmer ouvertement.

Il est clair surtout que, l'éducation des filles étant longtemps demeurée, malgré une évolution notable, entre les mains de l'Église catholique, donner le droit de vote aux femmes, c'était « jeter dans la balance électorale un poids énorme qui se portera[it] du côté de la réaction », comme le notait encore Ferdinand Buisson. « L'accès en masse des femmes au scrutin, continuait-il, serait le signal d'un immense effort des prêtres pour reconquérir d'un seul coup tout le terrain perdu depuis trente ans. Avec les incomparables moyens de persuasion, de pression et d'intimidation dont l'Église catholique sait user – elle l'a prouvé –, c'est elle qui ferait les élections. Et ce serait peut-être pour la République une crise plus grave que toutes celles dont elle est sortie victorieuse. »

En France, la laïcité s'est construite dans une combativité et une méfiance à l'égard de l'Église. Les lois présentées notamment par Jules Ferry, et votées par les républicains sous la IIIe République, sont d'abord une victoire contre la droite monarchiste et catholique évincée du pouvoir après la crise du 16 mai 1877. Avec les lois de 1884 et les expulsions des congrégations chrétiennes enseignantes en 1880, elles constituent un pas décisif dans la consolidation du régime républicain et l'établissement de la laïcité.

Après la loi de 1905 sur la séparation des Églises et de l'État, les rapports entre catholiques et républicains ont mis du temps à s'apaiser. Le souci de la majorité radicale du Sénat est alors de défendre la laïcité contre un monde féminin jugé trop soumis à l'influence religieuse. Cette méfiance est aussi alimentée par le ralliement progressif de la hiérarchie catholique au suffrage féminin suite à la déclaration en 1919 du pape Benoît XV. Certains républicains y voient alors un moyen de reconquête politique dont il convient de se prémunir.

Paris-Plage[1]

VB — Beaucoup d'émotions à jouer au Touquet, appelé dès le XIXe siècle « Paris-Plage ». Cette ville

1. 22 octobre 2023.

me rappelle mon enfance, les vacances passées avec mes parents, les longues balades au bord de mer. Elle m'a souvent permis de fuir Paris, de me ressourcer et d'écrire, tel ce petit poème :

Sur la mer de sable
Des milliers de traces.
Écoute leurs histoires
Je voudrais que l'une d'elles soit la nôtre.
Il est un pays où les couteaux sont des coquillages…

Elle est désormais la ville où nous nous sommes rencontrés, Jean-Louis et moi, en novembre 2011.

En posant devant le panneau vert et blanc où nos noms et le titre de la pièce sont affichés, je souris du chemin parcouru.

JLD — Précédée par deux articles plutôt favorables dans *Les Échos du Touquet* et *La Voix du Nord*, la représentation s'est bien déroulée.

Et pourtant, j'étais inquiet : le contexte politique allait-il avoir des conséquences sur la venue du public ? Quelques jours après l'assassinat à Arras du professeur Dominique Bernard, dans ce climat dramatique de la guerre déclenchée par l'organisation terroriste du Hamas contre Israël, du plan « alerte attentat » décidé en France par le gouvernement, le public allait-il être au rendez-vous ? Heureusement, plus de 200 personnes, dont le maire Daniel Fasquelle et son ancienne adjointe, et première maire femme au Touquet en 2017, Lilyane Lussignol, se sont malgré tout déplacées.

Mes allusions à Macron, en ces terres macronistes, mes imitations de Giscard, Chirac, du vieux sénateur tremblant ont bien fait rire et Valérie a été très applaudie lorsqu'elle a chanté «Göttingen » de Barbara.

Après le spectacle, nous allons dîner au Café des Sports. En chemin, je croise trois femmes, dont l'une d'elles m'interpelle : « Votre tête nous dit quelque chose...

— Oui, à moi aussi !

— Mais vous êtes qui ?

— Je suis moi !

— Oui, mais qui ? Vous êtes connu, n'est-ce pas ?

— Surtout méconnu et voudrais bien être reconnu !

— Quel est votre nom ? me demande alors l'autre dame sur un ton irrité.

— Debré.

— Ah oui, ça y est : vous êtes Michel Debré !

— Non, seulement Jean-Louis...

— Ah oui, vous présidez le Conseil constitutionnel...

— Plus depuis sept ans... »

Ce dialogue impromptu nous met en joie pour le reste de la soirée. Surtout, il remet les pendules à l'heure, au cas où elles auraient tendance à se dérégler.

Message de la présidente de l'Assemblée nationale[1]

JLD — « Cher Jean-Louis, tu as dû voir que nous organisons une marche “pour la République et contre l'antisémitisme” avec le président du Sénat ce dimanche à 15 h 30. Je serais heureuse que tu te joignes à nous et que nous puissions constituer un premier rang composé d'anciens présidents de l'Assemblée nationale et d'anciens Premiers

1. 8 novembre 2023.

ministres. C'est important je crois de montrer notre unité. Je t'embrasse. Yaël Braun-Pivet »

Défilé contre l'antisémitisme[1]

JLD – Qu'il est difficile de décrire ce que l'on ressent quand on découvre, sur le mur du Mémorial de la Shoah à Paris, son nom gravé sur la liste des exterminés. C'est celui d'Eugénie Debré, née Blum, cousine de mon arrière-grand-père, arrêtée par la Gestapo le 24 septembre 1943 avec sa fille Clémence et son gendre Maurice Wolf, internés à Drancy puis, avec le convoi 61, déportés à Auschwitz, d'où ils ne reviendront jamais.

Tout au long du parcours de l'Assemblée au Sénat, je pense aux victimes de l'antisémitisme et à celles qui ne sont jamais revenues des camps de concentration et d'extermination.

À mon arrière-grand-mère, Marianne Trénel-Debré (1860-1949), qui, à quatre-vingt-huit ans, parce qu'elle était fille et femme de rabbin, dut pour échapper à la

1. 11 novembre 2023.

police de Vichy être cachée dans un couvent de religieuses, près de Montauban.

À Jacques Debré, mon oncle, arrêté le 12 décembre 1941 à Paris et interné au camp de Compiègne-Royallieu. Heureusement, par un concours de circonstances, il sera libéré grâce à l'intervention d'un diplomate japonais, dont les enfants étaient soignés par mon grand-père Robert Debré, qui, lui, a miraculeusement échappé à son arrestation, s'enfuyant par la porte de service de son appartement, alors que la police venait l'arrêter.

On compte dans ma famille des juifs, des catholiques, des protestants, ainsi que des athées et des agnostiques, et cela n'a jamais été sujet à opposition ni débat.

Au milieu de ce cortège, je retiens mes larmes. Je voudrais m'isoler et oublier qu'il y a encore aujourd'hui des hommes et des femmes qui sont antisémites.

Je me raccroche à d'autres souvenirs...

Ainsi ce 16 juillet 1995 où, à l'occasion des cérémonies célébrant le cinquante-troisième anniversaire de la rafle du Vél' d'Hiv', Chirac a reconnu officiellement la responsabilité de la France dans la déportation, l'extermination et l'anéantissement de près de 76 000 juifs durant la Seconde Guerre mondiale. Un geste juste et courageux.

Je n'oublie pas non plus ce 18 janvier 2007 dans la crypte du Panthéon, lorsque Jacques Chirac, accompagné par Simone Veil, a dévoilé une plaque en hommage aux « Justes parmi les Nations de France reconnus ou restés anonymes qui, [...] bravant les risques encourus, ont incarné l'honneur de la France, les valeurs de justice, de tolérance et d'humanité ».

L'entrée le 1er juillet 2018 de Simone Veil au Panthéon résonnera comme un appel permanent à toutes les générations, celles de l'après-guerre comme celles d'aujourd'hui et de demain, à ne jamais oublier le passé. Simone Veil reposant non loin de Jean Moulin, de René Cassin ou d'André Malraux, c'est une exigence, un devoir de mémoire qui veille sur nous tous et dont nous sommes à notre tour responsables.

À ma demande, l'Assemblée nationale avait réédité, en 2006, le compte rendu intégral de la séance de la Chambre des députés du 13 juillet 1906 où fut adopté « le projet de loi portant réintégration dans les cadres de l'armée du capitaine Dreyfus avec le grade de chef d'escadron ». Je voulais ainsi montrer que la représentation nationale n'avait pas oublié ce à quoi pouvaient aboutir l'antisémitisme et le nationalisme. La République, parce qu'elle est la liberté, doit aussi être la vigilance. C'est ce que nous rappelle cette séance où la réintégration de Dreyfus fut votée à une très large majorité. Toutefois, trente-deux députés, dont Maurice Barrès, refusèrent de l'approuver et, selon les mots du député de la Seine Adolphe Messimy, demeurèrent « obstinément et volontairement aveugles ».

À la fin de la manifestation, une terrible image de l'antisémitisme m'accompagne jusqu'à mon domicile. C'était le 4 décembre 2020 à Westhoffen, près de Strasbourg, village de ma famille. Jamais je ne pourrai effacer cette vision d'horreur quand je suis entré dans le cimetière juif où, la veille, une centaine de tombes dont celles des Debré avaient été recouvertes de croix gammées. Comment peut-on en arriver à une telle ignominie ?

Certes une nation repose sur une volonté de « vivre ensemble », suppose une espérance commune, un « rêve d'avenir partagé », selon le mot de Renan. Mais le sentiment national s'appuie aussi sur une connaissance de l'histoire et la volonté de n'en occulter aucun épisode.

On annonce que 100 000 manifestants ont défilé à Paris contre l'antisémitisme. C'est bien. Mais il aurait dû y en avoir beaucoup plus.

Quelques jours plus tard, je reçois par courrier des menaces de mort pour y avoir participé et les transmets aux services de police. Nous ne modifions pas pour autant notre tournée.

Fête du livre à Toulon[1]

JLD – Long trajet en train. À Marseille, il s'arrête quinze minutes. Ma voisine de siège s'adresse alors au monsieur assis face à elle : « Pourquoi un si long arrêt ?

– Tu as vu tout ce monde qui descend pour fumer sur le quai ? lui répond-il avant d'ajouter : C'est normal, Marseille est la ville de la drogue ! »

1. 17 novembre 2023.

Dans le cadre de la Fête du livre de Toulon, nous présentons « Ces femmes qui ont réveillé la France » à la médiathèque Chalucet dont la scène de l'auditorium est peu profonde et l'éclairage pas parfaitement adapté. Le piano est un Steiner, réaccordé vers 18 heures par un personnage semblant sorti des *Brigades du Tigre*.

Avant le début du spectacle, j'ai le terrible sentiment d'avoir tout oublié, de ne me souvenir ni de l'enchaînement des portraits de nos héroïnes ni de mes répliques. J'ai beau relire le texte, rien ne s'imprime dans ma mémoire. Je n'arrive pas à me concentrer. Pénible sensation qui, plus le temps passe, ne fait que s'aggraver.

Heureusement, dès mon entrée en scène, ce malaise se dissipe. Tout s'est finalement bien déroulé. Valérie a transmis beaucoup d'émotion en évoquant Simone Veil. Et j'ai senti une attention particulière quand j'ai parlé de la première musulmane membre d'un gouvernement de la République, Nafissa Sid Cara.

À l'issue de la représentation, je suis épuisé. Il faut cependant que je me reprenne : nous devons assister à un dîner offert par Jean-Louis Masson, le président du conseil départemental, qui nous a réservé un accueil des plus sympathiques.

VB — Jean-Louis a démarré sur un très bon rythme, il donne le « la », nous enchaînons les portraits avec bonheur. En abordant la figure de Jeanne Chauvin, il ajoute une réplique qui fait mouche et qui me surprend : « "La justice, c'est quelque chose de sérieux", comme dirait Dupond-Moretti. » Rires de la salle et un sourire que j'ai du mal à contenir. Il faudra penser à ne pas oublier de l'intégrer dans les prochaines représentations.

La proximité des spectateurs, la dimension plus intime de la salle me rappellent le théâtre de Passy. Et ce soir, cette proximité, cette chaleur vont m'amener à d'autres nuances, d'abord avec Louise Michel, où à la fin du slam je peux parler au public sur un ton de confidence.

L'actualité est déchirante, la guerre en Ukraine, les attentats perpétrés par le Hamas, la riposte d'Israël, les otages dont on ne sait s'ils sont encore vivants, le déchaînement d'actes antisémites en France :

ces événements font que le portrait de Simone Veil prend une résonance particulière.

De profondes respirations pour calmer mon émotion, les images qui me bouleversent et ces mots pour parler de son combat afin de ne pas oublier, de continuer à espérer. Un long silence qui fait écho à la marche silencieuse de dimanche pour la République et contre l'antisémitisme. Pour la première fois depuis que je prononce cette phrase, « Un combat pour l'histoire et pour un avenir qui tire les leçons d'un funeste passé... », je doute de la capacité de l'homme à préférer le bien au mal. Je n'aurais jamais pensé vivre un tel retour en arrière.

Le portrait se termine par mon interprétation de « Göttingen » de Barbara. Comment ne pas penser alors à ce qui se passe au Moyen-Orient, à ces enfants assassinés ? Un silence de plomb remplace les habituels applaudissements. Des spectateurs viendront me dire avoir tenu jusqu'à « Göttingen », avant que l'émotion ne les submerge, les renvoyant à leur propre histoire.

JLD — Fête du livre, le lendemain. Une femme s'approche de Valérie, les larmes aux yeux, pour lui dire simplement qu'elle partage l'émotion qu'elle a ressentie hier au théâtre. Une autre, sans acrimonie, regrette que nous n'ayons pas évoqué Rose Valland. Grâce à cette résistante, de nombreuses œuvres d'art ont pu échapper au pillage des nazis. Après la guerre, celles qui n'avaient pu être cachées furent restituées aux musées ou à leurs propriétaires.

À l'occasion du cent cinquantième anniversaire de la naissance de Colette, un hommage lui est rendu. Dans notre spectacle, une photo de Colette prise par ma mère est projetée. Elle est à la fenêtre de son appartement du 9, rue de Beaujolais, au Palais-Royal. Mes parents ont habité rue de Montpensier près de chez elle, comme mon grand-oncle, Jacques Debré, qui habitait rue de Valois. Admirateur de Colette, il lui faisait régulièrement parvenir des fleurs. Elle le remerciait en lui adressant, sur son célèbre papier bleu, un petit poème ou quelques mots chaleureux.

Une enseignante, présente à l'auditorium, me fait part de sa satisfaction et ajoute : « Si j'avais su, j'aurais incité mes élèves à venir, c'était une magnifique leçon d'histoire. »

Une dame m'adresse un compliment : « Vous jouez bien la comédie. » Mais le monsieur qui l'accompagne tient à préciser : « C'est normal, avant il faisait de la politique ! » Quel rapprochement !

Tout au long de cette fête, d'anciens militants gaullistes et d'autres viennent me parler politique, tous très remontés contre Macron. « Il est en train de casser la France, me dit l'un d'eux, qui ajoute : Il n'aime que lui et pas les Français. »

Un élu local va plus loin : « Il nous entraîne dans le chaos, s'indigne-t-il. Il lui manque une sincère humilité et une authentique humanité. »

Pour cet ancien préfet, le président Macron est responsable « d'une dislocation de la communauté nationale. C'est dramatique : chaque fois qu'il sort de l'Élysée, c'est pour distribuer des millions alors que la France est en faillite, déclare-t-il. Il est devenu un distributeur automatique de billets. Il croit qu'avec de l'argent on peut acheter tout le monde ».

Deux messieurs passent et repassent à plusieurs reprises devant notre stand, ils profitent d'un moment d'accalmie pour m'interpeller. Ils se disent communistes et multiplient eux aussi les griefs envers l'actuel dirigeant du pays. Je leur demande s'ils ont rallié l'extrême gauche. L'un d'entre eux fait la moue. Vont-ils dans ce cas voter pour l'extrême droite ? Ils évitent alors de me regarder et s'en vont sans autre commentaire.

J'entends tout cela, mais combien j'aimerais que l'on me parle aussi de littérature, de poésie, d'art, d'histoire et surtout de théâtre, « le premier sérum que l'homme ait inventé pour se protéger de la maladie de l'Angoisse », selon Jean-Louis Barrault dans ses *Nouvelles Réflexions sur le théâtre*.

Chez le grand-duc[1]

JLD – Au Luxembourg, c'est à l'abbaye de Neimënster, ancien monastère de moines bénédictins datant du XVIIe siècle, aujourd'hui reconverti en Centre culturel de rencontre, que nous nous produisons. La soirée est organisée au profit de l'« Association Victor-Hugo » qui s'emploie à développer la culture française à l'étranger et au profit

1. 7 décembre 2023.

du stand français du « Bazar international », qui regroupe une soixantaine de pays. Son but est de financer des projets caritatifs.

La belle salle de 250 places affiche complet. Au milieu des spectateurs, le fils du grand-duc, le prince Guillaume de Luxembourg, et son épouse la princesse Sibilla, entourés de nombreuses personnalités.

À la première entrée de Valérie sur scène, elle récite sa « prière à la République » qui commence par ces mots :

> Sainte Marianne, mère du droit, aie pitié de nous !
> Délivre-nous...
> Vierge de la Liberté, délivre-nous des rois et des papes !
> Vierge de l'Égalité, délivre-nous des aristocrates !

Une si tonitruante entrée en matière entraîne un silence un peu dubitatif chez certains.

À la fin du spectacle, le public remercie chaudement Valérie d'avoir chanté « Göttingen » dans les deux langues.

De jeunes étudiantes en droit s'intéressent au parcours de Jeanne Chauvin. Je leur rappelle qu'elle était fille de notaire, licenciée en droit et en philosophie, la première femme docteure en droit. Sa thèse dont le titre était « Étude historique des professions accessibles aux femmes » est évocatrice de son ambition.

Depuis la prestation de serment des deux premières femmes avocates, Olga Petit et Jeanne Chauvin en 1900, la profession s'est largement féminisée pour atteindre aujourd'hui probablement plus de 55 % des effectifs.

*

Comme cet interlude de trois mois sans remonter sur les planches m'a semblé long, j'ai tenté de suivre plus attentivement l'actualité politique. Même si, comme je l'ai dit, la politique est devenue pour moi un monde étranger...

La mondialisation a anesthésié les idéologies traditionnelles, et en France le « en même temps » a contribué à assécher d'autant plus le discours des politiques que n'émerge aucune grande personnalité rassembleuse qui, par son autorité, domine la vie publique et incarne une espérance. Sur la scène de ce théâtre-là, pas de premier rôle.

Les mots de l'humoriste Pierre Desproges dans son *Dictionnaire superflu à l'usage de l'élite et des biens nantis* sont plus que jamais d'actualité : « Nous n'avons plus de grand homme, mais des petits qui grenouillent et sautillent de droite et de gauche avec une sérénité dans l'incompétence qui force le respect. »

Certes la lutte pour le pouvoir n'a jamais été un long fleuve tranquille. L'ambition explique nombre de trahisons, notre histoire est là pour en témoigner. Mais la question primordiale est de savoir comment redonner de l'optimisme à un peuple quand le seul dessein affiché du gouvernement est de réduire le déficit budgétaire de la France – qui n'a jamais été aussi important et qu'il a contribué à accroître ? Et comment diminuer la dette publique qu'il a laissée progresser au point qu'elle est devenue insupportable et hypothèque le futur ?

Je perçois qu'un vent de rancœur se lève et n'ai pas le sentiment que le président de la République et le gouvernement prennent la mesure du rejet dont ils sont l'objet. Pas plus qu'ils ne perçoivent la montée de l'extrémisme dans notre pays.

Ne voulant pas sombrer dans ce terrible pessimisme et me sentant loin de ce monde du pouvoir qui a pourtant été le mien si longtemps et que j'ai tant aimé, j'ai préféré détourner mon regard de l'actualité politique et parfaire mon apprentissage du métier d'acteur en allant au théâtre pour observer le jeu sur scène de comédiens ou comédiennes professionnels.

Il ne faut jurer de rien[1]...

JLD — Enfin, la tournée en France reprend.

VB — Nous sommes à Chennevières-sur-Marne, en banlieue parisienne, où l'équipe des *Pâtes à l'ail* est venue découvrir notre spectacle un dimanche après-midi. C'est assez rare pour le signaler et ce sont de belles rencontres artistiques.

Grâce à Louis-Michel Colla, nous étions allés les applaudir au studio des Mathurins, dans une

1. 3 mars 2024.

pièce sur l'amitié entre deux hommes au moment où l'un d'entre eux traverse une terrible épreuve. Interprétés par Bruno Gaccio et Philippe Giangreco et mis en scène par Jean-Carol Larrivé, trois amis dans la vie.

Et quels moments inoubliables au restaurant du Café du Théâtre où nous écoutons Bruno Gaccio et Jean-Louis revivre cette période politique où Jacques Chirac, abandonné par beaucoup, avait aux « Guignols » sa marionnette affublée de poignards dans le dos !

JLD – Avec Bruno Gaccio, la plume des « Guignols de l'info », nous n'avons cessé d'imiter la voix de Chirac. Et en ce domaine, j'ai trouvé mon maître. Mais quelle soirée, où le rire, la joie mais aussi une certaine nostalgie régnaient !

La marionnette de Chirac, celle incitant les Français à « manger des pommes » inventée par les « Guignols », dont Yves Lecoq imitait la voix, a marqué la campagne présidentielle de 1995, et les années suivantes.

À cette époque, qu'elle était grande, la liberté, pour les caricaturistes et humoristes qui pouvaient facilement brocarder les politiques, comme le firent quotidiennement les « Guignols » et d'autres. Il était alors, pour reprendre le slogan de Mai 1968, « interdit d'interdire ».

Aujourd'hui, on ne supporte plus rien, l'humour est souvent remplacé par la calomnie, la drôlerie par la haine et l'intolérance. Il est désormais interdit de ne pas interdire...

J'irai revoir ma Normandie[1]...

JLD — La prochaine date nous rapproche des terres normandes : nous jouons au Val-de-Reuil. L'arrivée est impressionnante avec cette campagne publicitaire où notre affiche est présente tant sur les arrêts de bus que sur les colonnes Morris le long du chemin vers le théâtre. L'une d'entre elles nous fait bien rire. Sous le slogan : « Les riches et les racistes votent ! Et vous ? » est apposée l'affiche

1. 12 avril 2024.

de notre spectacle. Quelle publicité de la part des camarades Insoumis !

Une responsable administrative m'accueille avec un grand sourire. « Vous vous souvenez, me dit-elle : vous m'avez si aimablement reçu à Évreux quand vous étiez maire, je ne l'ai jamais oublié. J'arrivais d'Algérie et étais désemparée, j'avais besoin de conseils. Merci. »

VB — Au moment de mettre en place mes costumes en coulisses, je m'aperçois qu'il manque celui de Louise Michel et la lavallière pour Colette. Ils sont restés au pressing ! Impossible de jouer en veste de smoking pour représenter une militante révolutionnaire… Nous partons, Christophe et moi, à la recherche d'une tenue de remplacement à la « ressourcerie » installée à proximité du théâtre. Après quelques découpes, coutures et rubans de Scotch, me voilà parée pour moins de 10 euros, Louise Michel aurait apprécié !

Entre bretzels, saucisses et kouglofs[1]

VB — Retrouver Strasbourg et déjeuner Chez Yvonne avec Jean-Louis de Valmigère. Tant d'images me reviennent. Les deux années à se mobiliser pour organiser la venue d'une exposition sur « Le pouvoir du geste » en hommage au mime Marceau à Strasbourg, sa ville natale. Une exposition installée salle de l'Aubette au cœur de la ville, place Kléber, dont j'étais la commissaire. Durant plus d'un mois et demi, en février et mars 2017, j'ai vécu à l'heure alsacienne. Le restaurant, partenaire de l'exposition, était devenu comme une seconde maison.

Nous déjeunons aujourd'hui à la table traditionnellement attribuée à Jacques Chirac.

JLD — Est-ce l'arrivée des prochaines élections européennes qui font que j'ai le sentiment qu'ici, à Illkirch, près de Strasbourg, les gens que je croise me perçoivent plus comme l'homme politique que j'ai été que comme le comédien qui vient jouer ce soir dans la grande salle de L'Illiade ?

1. 17 avril 2024.

La Fondation pour Strasbourg et son président, Jean-Louis de Valmigère, ont organisé notre venue.

Des maires et des conseillers municipaux de l'agglomération, l'ancien maire de Strasbourg Roland Ries, Jean-Marie Kutner, conseillers d'Alsace, le maire d'Illkirch-Graffenstaden, Thibaud Philipps : tous sont présents, et pourtant nous ne sommes pas à un meeting politique ! Et bien sûr le maire de Westhoffen, ville d'où sont originaires les Debré, Pierre Geist et sa femme Marlyse sont là, accompagnés d'habitants venus en car.

À la fin de la représentation, entre bretzels, saucisses et kouglofs, je réponds à des questions sur la politique, sur la montée du populisme en Europe. Je crois que ce dernier se nourrit notamment de l'impression que les gouvernants sont coupés des réalités quotidiennes, de la vie pénible de nombre de nos concitoyens, de leurs difficultés économiques, de leurs préoccupations face à une immigration incontrôlée, d'une insécurité toujours plus manifeste. Mais il s'agit aussi de l'expression d'une tristesse face au déclin de notre pays.

Il est bien loin, le temps où, c'était en 1967, mon père, ministre de l'Économie et des Finances, était allé à l'Élysée annoncer au général de Gaulle que la France n'était plus endettée. Et alors, nous a raconté mon père, le Général, se levant, lui avait dit : « Debré, la France est désormais libre et indépendante. »

Une soirée bien particulière[1]

JLD – Évoquer la personnalité de Julie-Victoire Daubié, la première bachelière, à Bains-les-Bains dans les Vosges, à la Manufacture royale où sa famille et elle ont vécu, est émouvant.

Mais la soirée ne s'annonce pas comme prévu. Quelques heures avant le début du spectacle, la préfecture diffuse un avis de tempête et recommande à tous d'éviter les déplacements dans le département. Les organisateurs font face à de nombreuses annulations ; nous jouons tout de même devant une petite centaine de spectateurs.

1. 29 juin 2024.

VB — La tempête s'invite en pleine représentation, pendant le passage sur Louise Michel. Est-ce en lien avec ce vent de révolte et de contestation qui gronde actuellement en France ? Des portes claquent, le grand miroir tangue, je redouble d'intensité pour capter l'attention du public inquiet et reste vigilante. Va-t-on pouvoir terminer ?

Plus que deux portraits, et les rafales recommencent. Des vents à plus de 110 kilomètres/heure étaient annoncés : ils sont là. Un projecteur s'éteint, nous poursuivons. Si l'orage éclate, nous serons contraints d'arrêter. Heureusement, les éclairs s'abattent un quart d'heure après les saluts !

JLD — Particulière aussi, cette soirée. Nous sommes à la veille du premier tour de scrutin des législatives et nombreux sont celles et ceux qui, à la fin du spectacle, m'interpellent sur la dissolution de l'Assemblée nationale. Ils me transmettent leur incompréhension quant à la décision de Macron : « Qu'est-ce qu'il lui a pris ? », « Que cherche-t-il ? », « Est-il devenu fou ? », « Comment voyez-vous l'avenir de la France, au vu des résultats annoncés ? ».

Je suis dans l'incapacité de leur répondre. Je ne comprends pas les raisons de cette dissolution vingt jours après les élections européennes. Macron n'a pas voulu s'incliner face au verdict des Françaises et des Français. Il n'imaginait peut-être pas que la gauche si profondément déchirée et divisée pouvait être capable de donner en quelques jours une image d'union, de présenter un front unique. Il croyait que ses partisans apparaîtraient alors comme la seule alternative au Rassemblement national. En réalité, je crois qu'il ne percevait pas l'importance du ressentiment ni la colère de nos concitoyens à son égard, comme je l'ai dit.

Pour moi qui suis issu d'une famille républicaine, l'idée même de permettre aux extrémistes de droite, les héritiers de ceux qui ont combattu de Gaulle avec violence, d'accéder aux commandes de la France est une angoisse. Quant aux idées développées par les extrémistes de gauche qui ne sont d'accord sur rien, dont la coalition explosera sitôt les élections passées, elles plongeront la France dans le chaos, la violence.

Quel bilan politique après dix ans de macronisme ! La France, la République méritaient mieux. Ce même Macron qui voulait réconcilier les Français, qui se faisait fort d'être l'artisan d'une République exemplaire, qui n'avait qu'une ambition : faire disparaître le clivage gauche-droite, pour lui l'un des maux de la société politique française.

Si les sondages sont confirmés, il aura réussi dramatiquement à les éliminer pour les remplacer par un affrontement entre les extrêmes des deux bords, sans avoir su bâtir une grande formation républicaine.

Le lendemain, nous prenons notre train du retour à Nancy et non à Épinal, la gare ayant été fermée à cause des intempéries.

Nous regagnons Paris pour aller voter, car il est inimaginable pour nous de nous réfugier dans l'abstention. Nous devons aussi participer au salon du livre de Saint-Germain-des-Prés où notre venue a été annoncée. Là encore, nous sommes témoins de l'inquiétude et du désarroi de nombre de visiteurs face à cette dissolution. Valérie tente de les rassurer en citant le poète allemand Hölderlin : « Là où croît le péril croît aussi ce qui sauve ».

Aux urnes citoyens[1] !

JLD — La clarification politique que voulait Macron avec cette dissolution soudaine n'a manifestement pas atteint son but. Elle plonge la France dans une confusion politique et le régime des partis. Dans ces circonstances, il devient bien difficile de prévoir l'avenir.

Finalement cette dissolution permet peut-être de mieux cerner la personnalité de Macron. Il se veut séduisant, il est brillant mais aussi, aux dires de certains, tellement imbu de lui-même, narcissique et secret, qu'il est difficile à croire, à suivre.

La scène politique est le théâtre de tous les possibles. La comédie, la tragédie, le burlesque et le vaudeville font aussi partie du répertoire politique où les acteurs avancent souvent masqués.

Mais quels sont les scénarios imaginables pour l'avenir ?

Peut-être que dans un an, l'instabilité gouvernementale ayant semé le chaos, les incohérences et

1. 7 juillet 2024.

divisions du Nouveau front populaire étant apparues au grand jour, Macron se permettra-t-il une nouvelle dissolution ?

Préoccupé par l'image qu'il laissera au regard de l'histoire, il pourra dire aux Français et Françaises : « Vous n'avez pas voulu de l'extrême droite, vous avez vu ce que donnait l'extrême gauche ; finalement, c'est moi ou le chaos ! »

Mais le théâtre politique réserve bien d'autres rebondissements possibles : ralliements surprenants, trahisons imprévisibles, ruptures annoncées, faux départs... et, pour le rôle principal, la probabilité de quitter la scène plus tôt que prévu.

En attendant la suite...

VB — Au seuil des 200 représentations, il me semble qu'une partie de la profession regarde Jean-Louis différemment.

« Jamais Debré dans mon théâtre comme comédien ! », s'était exclamé un directeur de salle, qui se montre pourtant aujourd'hui très honoré de sa présence lors des premières…

« Jean-Louis Debré prend le pain des comédiens », a-t-on aussi entendu au début. Les réseaux sociaux n'étaient pas tendres eux non plus.

Olivier Macé s'était même vu reprocher de « trahir la profession » en acceptant de nous mettre en scène. Il avait dû rappeler qu'il faisait juste une pièce à partir d'un livre que Jean-Louis avait écrit avec sa compagne, et qu'en aucun cas Jean-Louis ne prenait le rôle d'un grand personnage du répertoire. Et quand bien même !

Nous revenons donc de très loin… Cette intolérance me choque profondément.

Ces réflexions m'ont rappelé celles entendues lors de mes années d'apprentissage à l'époque où j'intégrais l'école Marceau et où mes amis comédiens me lançaient : « Ah, tu fais du mime, maintenant ? », puis « Ah, tu écris, maintenant ? », comme si l'expression artistique dans sa diversité et sa multiplicité n'était autorisée qu'à certains… Si bien que je n'ai pu éviter de sourire à la lecture des premiers articles sur notre spectacle saluant « Valérie comédienne », comme si tout était dit. Pourtant, le chemin fut long avant de parvenir à ce constat...

De nouvelles dates de tournées sont prévues jusqu'en 2025.

À celles et ceux qui se demandent si cela n'est pas ennuyeux, de toujours jouer la même chose, nous répondons que chaque soir est différent et que nous sommes toujours animés par la même passion pour défendre ces femmes qui ont fait la France et qui nous éclairent sur notre présent bien trouble.

Comme le dit la chanson du spectacle, « Et le combat continue », je devrais dire « les combats », car la société en fait évoluer certains et régresser d'autres, selon les périodes.

Il suffit de se remémorer les combats de Simone Veil.

L'IVG est désormais inscrite à l'article 34 de la Constitution française depuis le 8 mars 2024. On ne pourra plus y toucher, a-t-on entendu ici ou là.

Mais que se passerait-il, en cas de changement de Constitution ?

Simone Veil a incarné la déportation des juifs de France et a combattu l'antisémitisme pour un avenir meilleur, et pourtant nous assistons à une poussée d'actes antisémites comme jamais en France.

Pour toutes ces raisons, nous ne pouvons qu'éprouver du bonheur à défendre chaque soir ces combats, à tenter de les éclairer pour mieux nous armer et contrecarrer leurs détracteurs.

Jean-Louis aime à rappeler le discours de son père à ses enfants. « La République aura besoin de vous. Ayez un métier, mais viendra un moment où vous devrez vous engager pour défendre ses valeurs, sinon, elle sera menacée, elle pourra disparaître. »

Souvent nous sommes interrogés sur la suite ; une autre pièce ? nous n'avons pas encore trouvé le sujet. Comme le dit Michel Drucker : « C'est certain Jean-Louis va y prendre goût, va attraper le virus de la scène. » Le seul virus dont la contagion soit souhaitable, ai-je alors pensé.

Jean-Louis aime aller au contact du public, parler, échanger avec lui… Je mesure combien les liens tissés lors de sa carrière politique étaient profonds et avec quelle joie il retrouve en tournée les acteurs de sa vie d'avant.

JLD — Partager la scène avec Valérie, qui a une formation de comédienne, est souvent difficile et exigeant. C'est aussi une chance. Elle n'admet aucune erreur, même si le public ne s'est aperçu de rien. Après la représentation, elle manifeste son agacement lorsque l'opérateur lumière a laissé la scène dans l'ombre un instant de trop ou raté nos entrées et déplacements sur scène.

Certes, dans le passé, j'ai prononcé des discours devant des publics les plus divers, et s'il y avait plusieurs orateurs, chacun parlait à son tour. Au théâtre, c'est différent, il s'agit de se donner la réplique, d'occuper la scène à plusieurs, et d'y d'entrer ou d'en sortir au bon moment, de bien respecter les placements prévus, de ne pas mettre sa partenaire en difficulté, de ne pas désorganiser le travail de la technique.

À chaque représentation, je m'efforce ainsi de ne pas trop innover, de demeurer dans le cadre fixé, de ne pas oublier que le rythme d'un spectacle ne dépend pas seulement de moi.

VB — Nous restons pudiques sur ce que nous ressentons à jouer ensemble depuis bientôt trois ans, nous n'en parlons presque jamais, si ce n'est pour évoquer tel passage ou tel autre, qu'il convient de resserrer, de dynamiser ou de tel jeu de mots que nous aimerions essayer, pour coller au plus près de l'actualité politique.

Quand vient le moment des applaudissements, nous saluons le public, puis Jean-Louis se tourne vers moi, me regarde tendrement, m'applaudit, nous nous prenons la main, nous saluons, puis il s'écarte comme s'il voulait que les remerciements du public me mettent à l'honneur. Et la manière dont il le fait m'émeut profondément, me bouleverse chaque fois.

JLD — Quelle joie, de pouvoir ainsi, à la fin du spectacle, exprimer à Valérie ma reconnaissance pour m'avoir entraîné, accompagné vers d'autres ambitions.

En tournée

Malgré le temps qui passe, notre envie de jouer, de partager avec le public ces pages de notre histoire nationale, celles de ces femmes qui ont fait progresser la République et réveillé la France est toujours intacte. Véritable bonheur.

Remerciements

Nous remercions notre éditeur, Jean-Luc Barré, et toute l'équipe de Plon pour leur accueil, et particulièrement Henri de Beauvillé pour sa relecture des épreuves.

Table des matières

Des mêmes auteurs *(suite)*

Essais politiques

Les Idées constitutionnelles du général de Gaulle, LGD, 1974 (réédition 2015) (prix Edmond-Michelet 1974)

Le Pouvoir politique, Seghers, 1976

Le Gaullisme (avec Michel Debré), Plon, 1978

En mon for intérieur, JC Lattès, 1997

Le gaullisme n'est pas une nostalgie, Robert Laffont, 1999

La Laïcité à l'école, un principe républicain à réaffirmer, Odile Jacob, 2004

Qu'est-ce que l'Assemblée nationale ?, L'Archipel, 2006

Racontez-moi le Conseil constitutionnel, Name Éditions, 2010 et 2014

« Françaises, Français ». Ces discours qui ont marqué la Ve République, L'Archipel, 2013

Le Monde d'après Chirac, Tallandier, 2015

Ce que je ne pouvais pas dire, Robert Laffont, 2016

Tu le raconteras plus tard, Robert Laffont, 2018

Jacques Chirac, l'album souvenir (avec Xavier Panon), L'Archipel, 2019

Quand les politiques nous faisaient rire, Bouquins, 2021

Romans policiers

Le Curieux, Éditions N° 1, 1986

Pièges, Robert Laffont, 1998

Quand les brochets font courir les carpes, Fayard, 2008

Meurtre à l'Assemblée, Fayard, 2009

Regard de femme, Fayard, 2010

Jeux de haine, Fayard, 2011

La Rumeur, Robert Laffont, 2020

Témoignages

Je tape la manche (avec Jean-Marie Roughol), Calmann-Lévy, 2015

Le Temps des huîtres (avec Valérie Bochenek), Albin Michel, 2019

Pour en savoir plus
sur les Éditions Plon
(catalogue, auteurs, vidéos, actualités…),
vous pouvez consulter
www.plon.fr
www.lisez.com

lisez!

et nous suivre sur les réseaux sociaux

Editions Plon

@EditionsPlon

@editionsplon

CET OUVRAGE
A ÉTÉ ACHEVÉ D'IMPRIMER
SUR ROTO-PAGE
PAR L'IMPRIMERIE FLOCH
À MAYENNE EN AOÛT 2024

#lisez! engagé
www.lisez.com
Pour plus d'information :
Imprimé sur du papier issu de forêts gérées durablement.

N° d'impression : 105362
N° d'édition : P31992/01
Imprimé en France